きょうのごはん

大田垣晴子

ダ・ヴィンチブックス

きょうのごはん

目次

5 料理道場

91 MENU ムニュ オオタガキセイコ特製レシピ集

絵と文（カバー・本文）
大田垣晴子

ブックデザイン
日下潤一＋沼田美奈子

デジタル印字
飯塚隆士
（カバー・帯・本文タイトル・扉・目次・奥付）

料理道場

料理道場

身体が欲しているんですね、イカ

イカって、海の中では見えないほど透き通っているんだそうです。でも陸に揚げられると濃いつやつやの赤茶色。そのぴかぴかしたやつを解体するのは楽しいです。吸盤をしごき、目つぶしくらわせて軟骨をはずして胴を抜く。エンペラをはぎ、皮をむいて、さあどうしてやろうか。

刺し身のほのかな甘みのシッコリねっとりもいいし、火を通したあの特有の匂いと歯ごたえも好きだ。イカ、安いし。それにイカにはタウリンが豊富なのだ。栄養ドリンクの成分の「タウリン1000ミリグラム！」とかいうやつ。身体が欲しているんですね、イカ。欲してなくても、うまいんですけど。

自分で料理するときは、ぜひワタを一緒に。塩をしたワタとイカの細切りと醤油を和えると即席塩辛風。キモのホイル焼き。どちらも酒好きにはたまらん酒のアテです。わたしは食事にも合うイカワタ煮にすることが多いです。大葉をたっぷり使うのでワタ嫌いな人もけっこうおいしいと食べてくれます。

〈イカのワタ煮〉

材料
・イカ 1杯
・水・酒 各1カップ
・しょうゆ 大さじ2
・みりん 大さじ2
・大葉 1束
・しお 適量

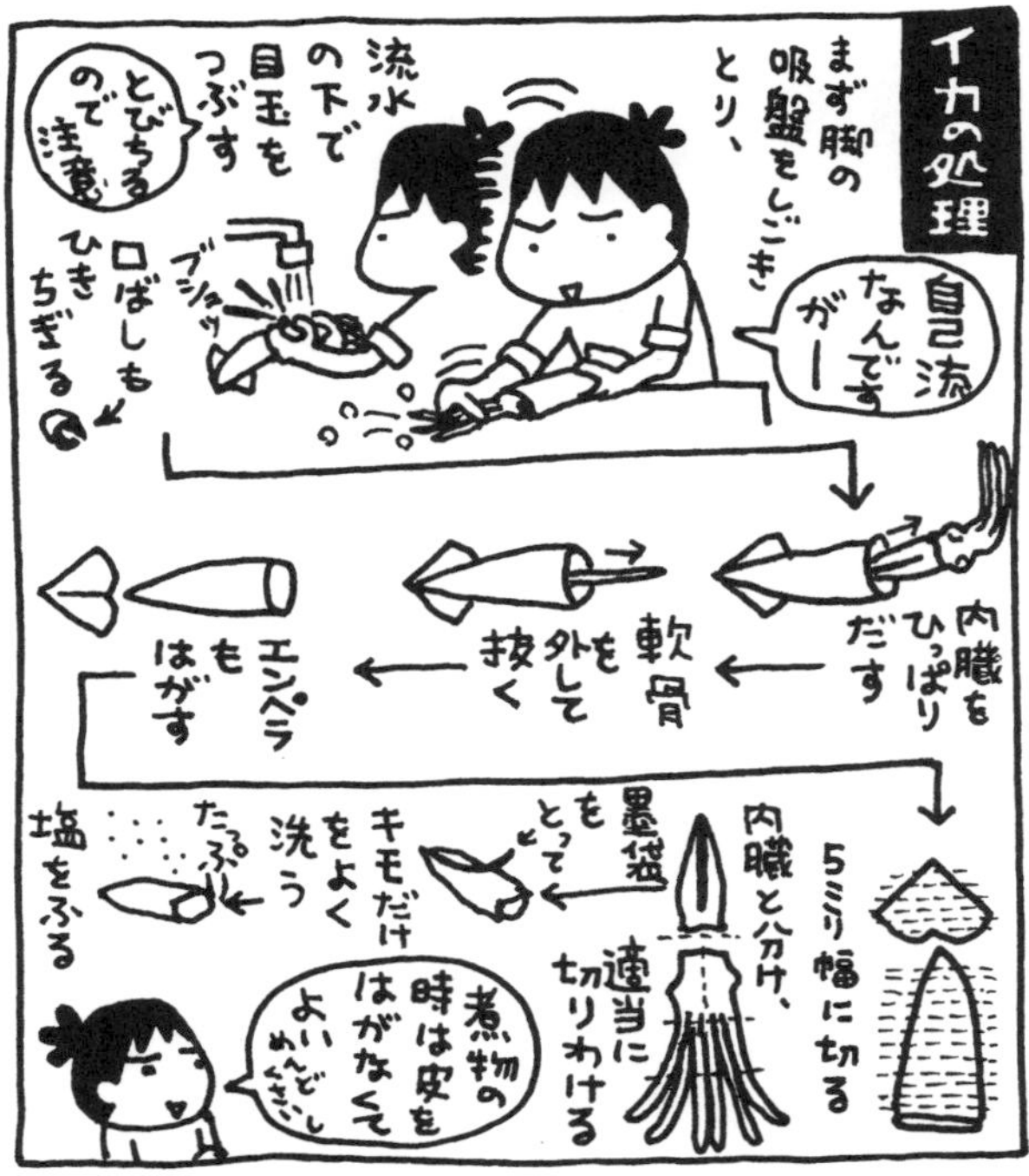
イカの処理
まず脚の吸盤をしごきとり、
自己流なんですがー
流水の下で目玉をつぶす
とびちるので注意
ブシュッ
口ばしもひきちぎる
内臓をひっぱりだす
軟骨を外して抜く
エンペラもはがす
5ミリ幅に切る
内臓と分け、適当に切りわける
墨袋をとって
キモだけをよく洗う
たっぷり
塩をふる
煮物の時は皮をはがなくてよい
めんどくさいし

作り方
①水と酒をナベに入れて火にかける
②沸騰したら処理したイカ投入
③再沸騰したらみりん投入弱火にする
塩を洗いおとしたキモを
④ナベに投入
しょうゆも入れる
⑤ハシでキモをくずし混ぜる
⑥落しブタをして水分が少なくなるまでコトコトと煮る
イカは中途に煮ると固くなるのでザッと煮るかジックリ煮るかで軟らかく仕上げる
アルミ箔に穴をあけて落としブタの代用に
⑦器に盛り、せんぎりにした大葉を散らして
できあがり！
バターで炒めてにんにく、白ワインで煮た洋風仕立ても旨いです

酒は「料理用」じゃない。
飲んでもうまい酒がいい。

料理道場 2

バジルが自生する庭、欲しいなあ

バジルはイタリア料理でおなじみのハーブです。ちょっとクスリくさいような甘い鮮烈な香りがします。

　いつだったか、八王子郊外に住む知人が庭に自生したバジルを抱えるほどくれたことがあります。そのときは松の実などと一緒にすりつぶし、グリーンの風味の良いペーストにしてぜいたくにパスタにからめていただきました。日常的にはスーパーで一把買ってきて、料理のアクセントに使っています。庭、欲しいなあ。

　このバジル、実はアジアでもよく使われるんですよね。タイでは炒め物に活躍。オイスターソースとのからみがなんともクセになります。ウチでもよく作る一品です。

　肉、野菜と一緒に炒めてご飯も一緒に盛ってワンプレートランチにする。目玉焼きものっけて、食べるときは思い切りよく混ぜる。この料理の名前、ガイガッパカオだったかガイパッカオガオだか……（注）。まあ、手前で作る料理なので名前なんてなくてもね、大ざっぱにおおらかに。おいしければいいんです。

（注）ガイ・パッ・バイ・カパオが正式名称のようです（編集部）

バジルととり肉オイスターソース味の炒めもの

材料（4人分）

- とり肉 200g 細切り
- 玉ねぎ 1/2コ くし切り
- ピーマン赤・緑 各1コ たてに太めのせん切り
- にんにく 2片 あらみじん
- 唐辛子 2本 タネをぬく
- バジル 1/2把 ごくあらく刻む
- オイスターソース大さじ1
- しょうゆ大さじ1
- こしょう 適当
- 卵 4コ
- ごはん 適当
- 油 適当

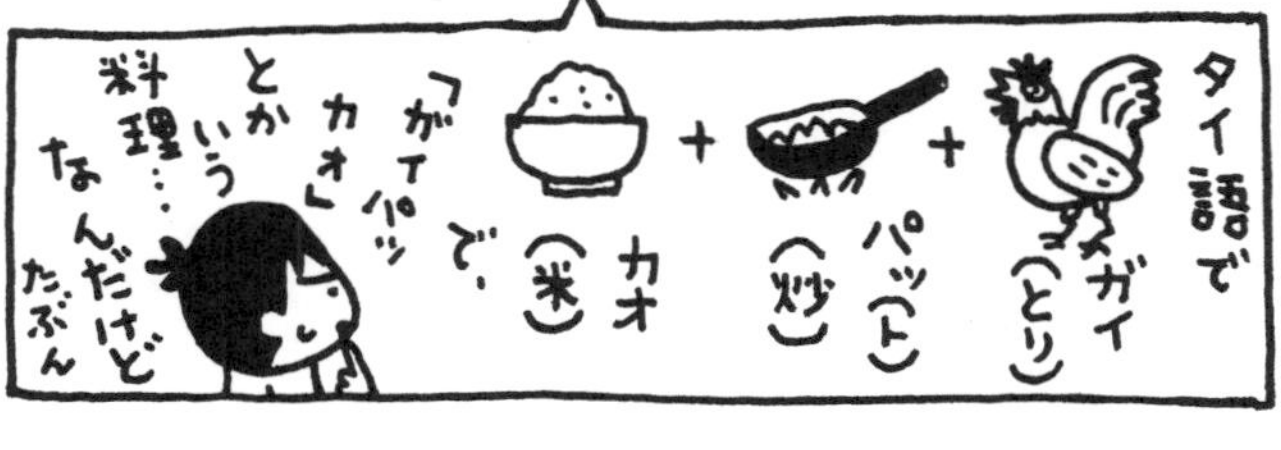

タイ語で
ガイ（とり）
＋
パッ（炒）
＋
カオ（米）
で、
「ガイパッカオ」
とかいう
料理…
なんだけど
たぶん

作り方
①フライパンを熱し油をひく
②にんにく、唐辛子投入
香りが立ったら
③玉ねぎ炒め
とり肉炒め
ピーマン炒める
手早く
ちゃっちゃっちゃっとね
④調味料入れる
わたしはタイのしょうゆシーユーカオを使っている
ちょっとうす味
⑤バジルを混ぜて
火を止める
⑥皿に盛る
ごはんそえる
フライパンざっと洗って
⑦目玉焼きをつくる
半熟
ごはんの上にのっける
できあがり
スプーンとフォークで切るように混ぜて食べる

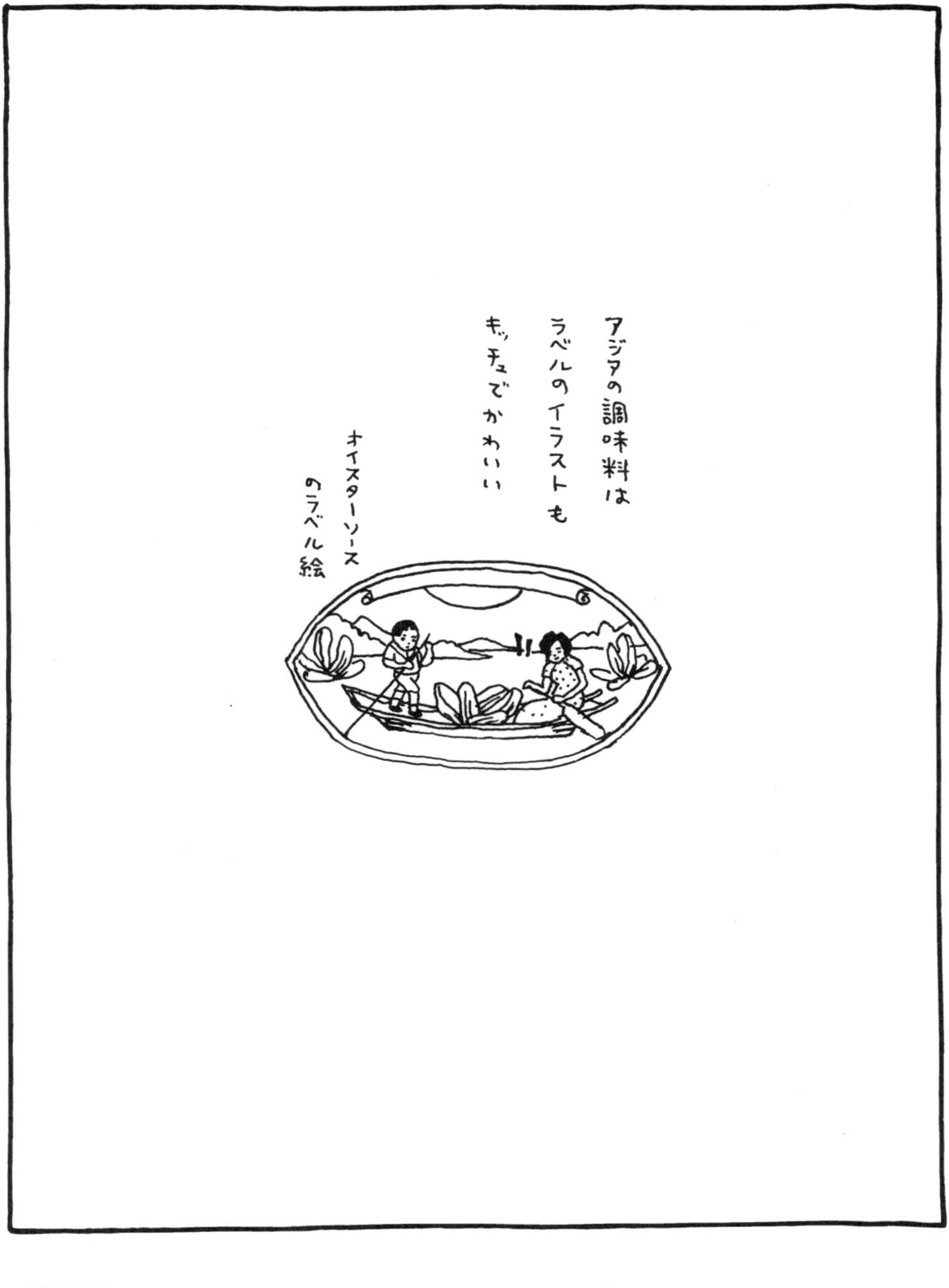
アジアの調味料は
ラベルのイラストも
キッチュでかわいい
オイスターソース
のラベル絵

料理道場 3

無心になれるらっきょうの薄皮むきは楽しい

梅雨も明け、初夏の日差しになると、八百屋（最近はスーパー利用ですが）の店先にらっきょうが並びます。粒のそろったものを選んでどっさり買い込み、さて今年も漬け込みましょうか。

らっきょうの薄皮をむくのはひどく手間です。4キロほど買い込むと半日がかりの作業です。そういえば子供のころ、毎年母の手伝いでらっきょうの薄皮むきをしました。爪の間に泥が入って真っ黒になるんだけど、無心に作業に没頭するのは楽しいものです。今も楽しい。

母はマメに漬物とか作るヒトでした。近ごろは食べるヒト（わたしら、子供たち）もいないので面倒で作らないと言っていたけど。その母の影響か、わたしも保存食作りが好きです。

しかしらっきょう漬け、実家のものはカレーに添えるとおいしい甘酢漬けでしたが、わたしの作るそれは塩漬けです。なにしろ酒好きなもので。ポリポリした歯ごたえと鮮烈な風味がつまみにたまりません。

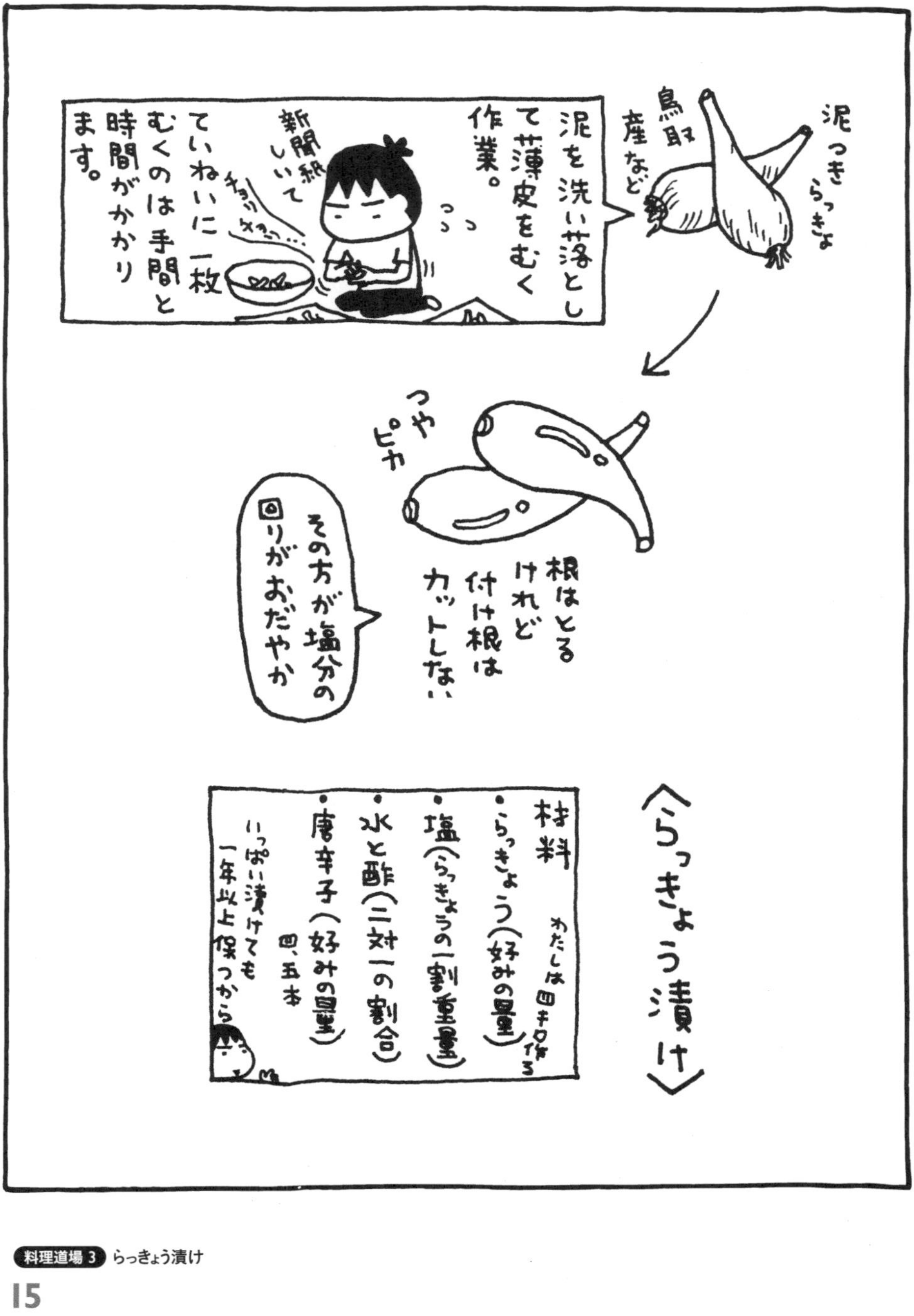

泥つきらっきょ
鳥取産など
泥を洗い落として薄皮をむく作業。
新聞紙しいて
ていねいに一枚むくのは手間と時間がかかります。
つや
ピカ
根はとるけれど付け根はカットしない
その方が塩分の回りがおだやか
〈らっきょう漬け〉
材料
わたしは四キロ作る
・らっきょう(好みの量)
・塩(らっきょうの一割重量)
・水と酢(二対一の割合)
・唐辛子(好みの量)
四、五本
いっぱい漬けても一年以上保つから

作り方
①らっきょうをビンに入れる
保存ビン
②水と酢をひたひたに入れる
計量カップで様子みながら
③塩と唐辛子を入れる
ゆすってなじませる
④水面にラップをぴっちり敷く
密封して暗所に置く
らっきょうが浮かないように
本当は重しを水面に置く
二週間後には出来上がり。
ポリポリ
たべる時に根と茎の先をカット
ピリリ
しょっぱくなりすぎた!
と思ったら
うすい塩水で塩出しをすればいい
と、この塩漬けはうまいんだけど
やっぱり甘酢らっきょうも捨てがたい
カレーライスにはこれがなくちゃね
出来上がった塩漬け(カット済み)を甘酢に漬けなおせば問題解決です。
酢一カップ
砂糖半カップ弱
の割合で
コンブ、唐辛子を入れる

パイレックスの密閉容器
電子レンジにもかけられる
PYREX

料理道場 4

冷やしてもおいしい夏の煮物「茄子」

夏の野菜はみずみずしい。特に茄子。紫紺のつやつやの肌にふっくりした白い肉質。目にも美しい茄子。食欲の落ちる季節に大活躍です。

縦に適当に割って塩をふり、きゅきゅっともめば驚くほどの水分が出てきます。それにポトリと醤油をたらせば爽やかな即席漬物風。もちろんきちんとぬか漬けにすればさらに色みも風味も良し、です。

焼き茄子もいいですね。「あちあちあち」とこげた皮をはぎ、薄翡翠《うすひすい》色の身にばばっと生姜醤油かけてハフハフと。

煮含めた茄子のとろけるような口当たりも好きです。わたしの煮物は唐辛子をピリリと利かせたナンプラー風味。サッパリしているのにコクもある、冷やしてもおいしい夏の一品です。

ところで一口に「茄子」といってもいろいろな種類があります。西洋茄子は身が締まりすぎて漬物などには向かないようです。形も違いますが、見分け方はヘタの色。西洋種は緑、和種は濃い紫なんですね。

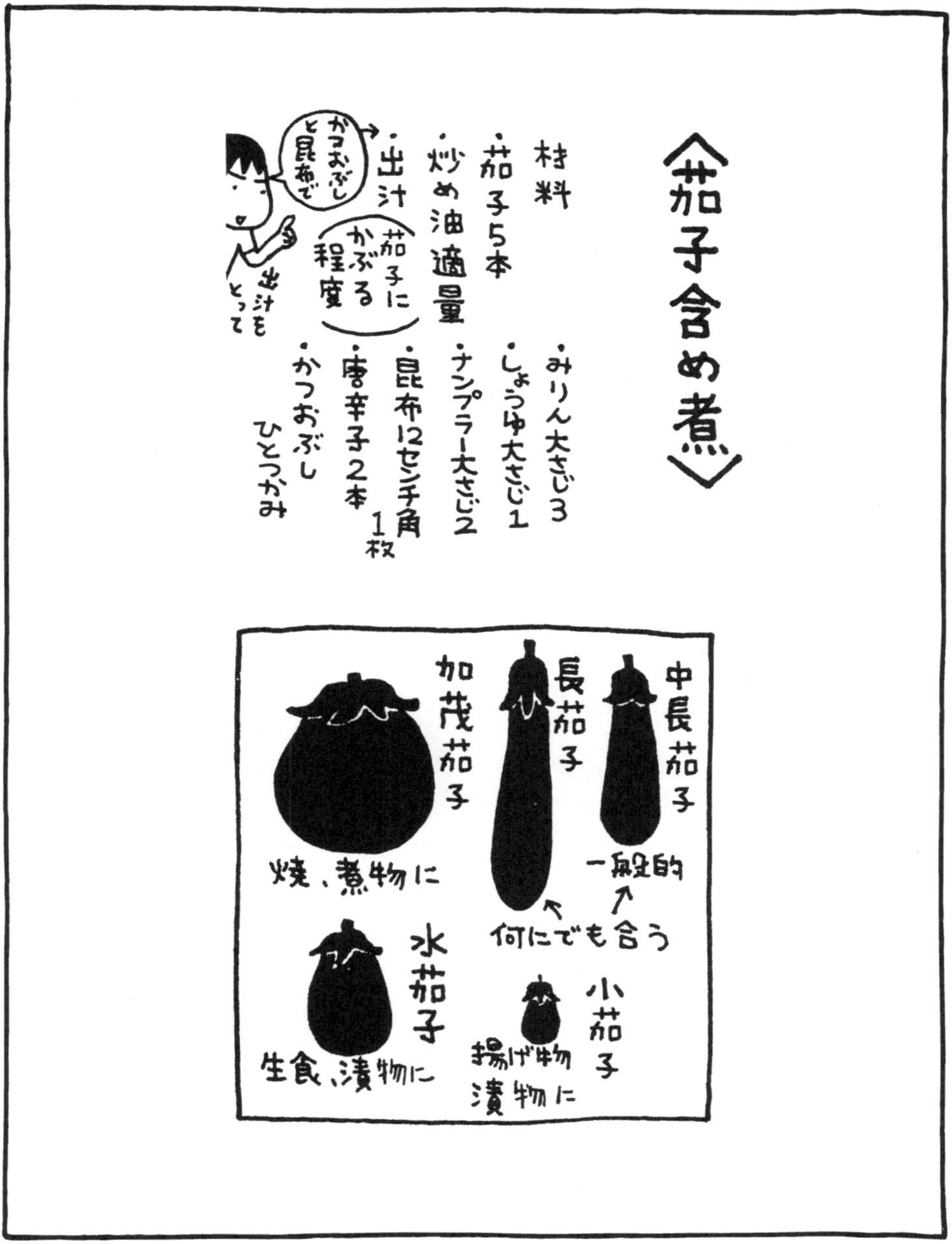
〈茄子含め煮〉
材料
・茄子5本
・炒め油適量
・出汁（茄子にかぶる程度）
かつおぶしと昆布で
出汁をとって
・みりん大さじ3
・しょうゆ大さじ1
・ナンプラー大さじ2
・昆布12センチ角1枚
・唐辛子2本
・かつおぶしひとつかみ
中長茄子
長茄子
加茂茄子
一般的
何にでも合う
焼、煮物に
水茄子
生食、漬物に
小茄子
揚げ物漬物に

①茄子下処理
ヘタを落とす
タテに細かく切れ目入れる
②フライパンに油をひき、茄子を炒める
表面の色が鮮やかになったら
昆布をしいた鍋へ
④出汁、調味料を入れる
唐辛子は種をぬいて小口切りに
⑤キッチンペーパーをかぶせ、かつおぶしをのせる
追いがつお
中火
⑥落としぶたをする
(アルミハクでもよい)
弱火
20分ほど煮ればできあがり。
昆布もせんぎりにして添える
出汁をとるのがめんどうなら、八方だし、めんつゆなどを使っても。
めんつゆ
和風味
干しエビで出汁をとるのもうまいが、茄子の色がエビに移るので見た目がわるい…。
カンタン一品
〈さわやか塩もみ〉
茄子 小口切り
みょうが 小口切り
塩もみ
しそ せんぎり
白ゴマ
和える
しょうゆポトリ
シャクシャク
きゅうりをプラスしても
ハシ休めに
これを椀ダネにして
赤だし注ぐと
スッキリみそ汁に。

昆布は出汁もとれて
食べられるもの。
乾物屋さんの
おすすめ真昆布
眞昆布

料理道場 5

夏の宵、冷酒のアテにアジたたき

青魚が好きだ。青魚にはドコサヘキサエン酸とかが含まれていて、ぼけにいいんだって。でも、わたし物忘れってけっこうひどいんだよね。ま、いいや、好きだから。

青魚のいいところは比較的安いこと。日常的に食べるものは廉価じゃなくちゃいけない。そしてアジとかイワシは一尾まるまるで売られているでしょう。さばく楽しみがあってうれしい。

アジは夏が旬。ぴかぴかでぷりぷりな新鮮なやつが手に入ったら生で食べたい。

ただの刺し身にしてもいいんだけど、刺し身ってなんか自分でやると冴えないんだよね。あの切り口、口当たりはプロの技術だと思う。

で、たたきにする。これも包丁の切れは大切だけど、乱切りだから適当に。薬味もたっぷり合わせてダカダカダカダカと。

これ、千葉房総あたりで「なめろう」と呼ばれているもののマネ。ちょっとねっとり、それでいて清々しい。夏の宵、冷酒のアテに良い一品。

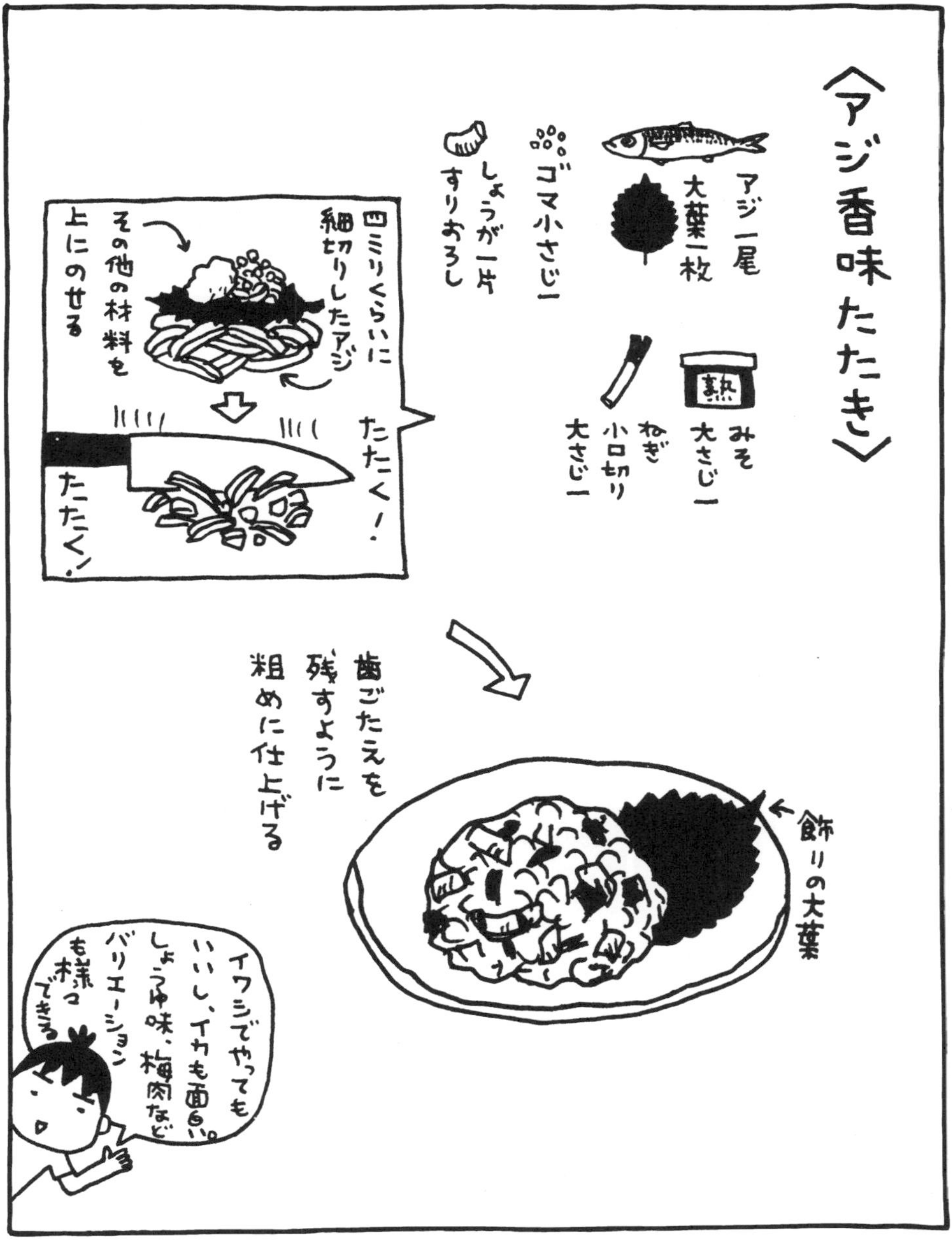

〈アジ香味たたき〉
アジ一尾
大葉一枚
ゴマ小さじ一
しょうが一片
すりおろし
みそ
大さじ一
ねぎ
小口切り
大さじ一
四ミリくらいに細切りしたアジ
その他の材料を上にのせる
たたく！
たたく！
歯ごたえを残すように粗めに仕上げる
飾りの大葉
イワシでやってもいいし、イカも面白い。しょうゆ味、梅肉などバリエーションも様々できる

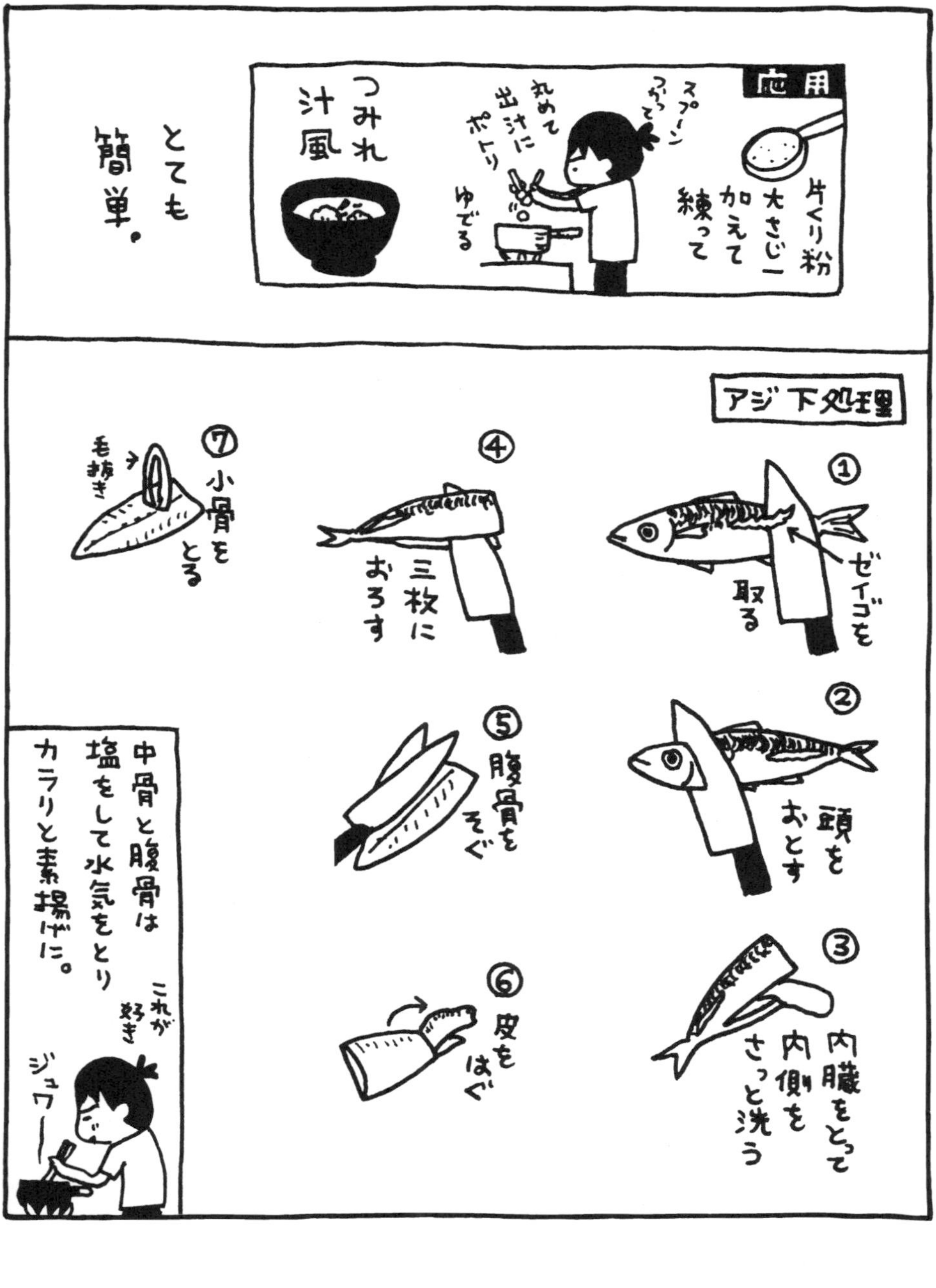
応用
片くり粉大さじ一加えて練って
スプーンつかって
丸めて出汁にポトリ
ゆでる
つみれ汁風
とても簡単。
アジ下処理
①
ゼイゴを取る
②
頭をおとす
③
内臓をとって内側をさっと洗う
④
三枚におろす
⑤
腹骨をそぐ
⑥
皮をはぐ
⑦
小骨をとる
毛抜き
中骨と腹骨は塩をして水気をとりカラリと素揚げに。
これが好き
ジュワー

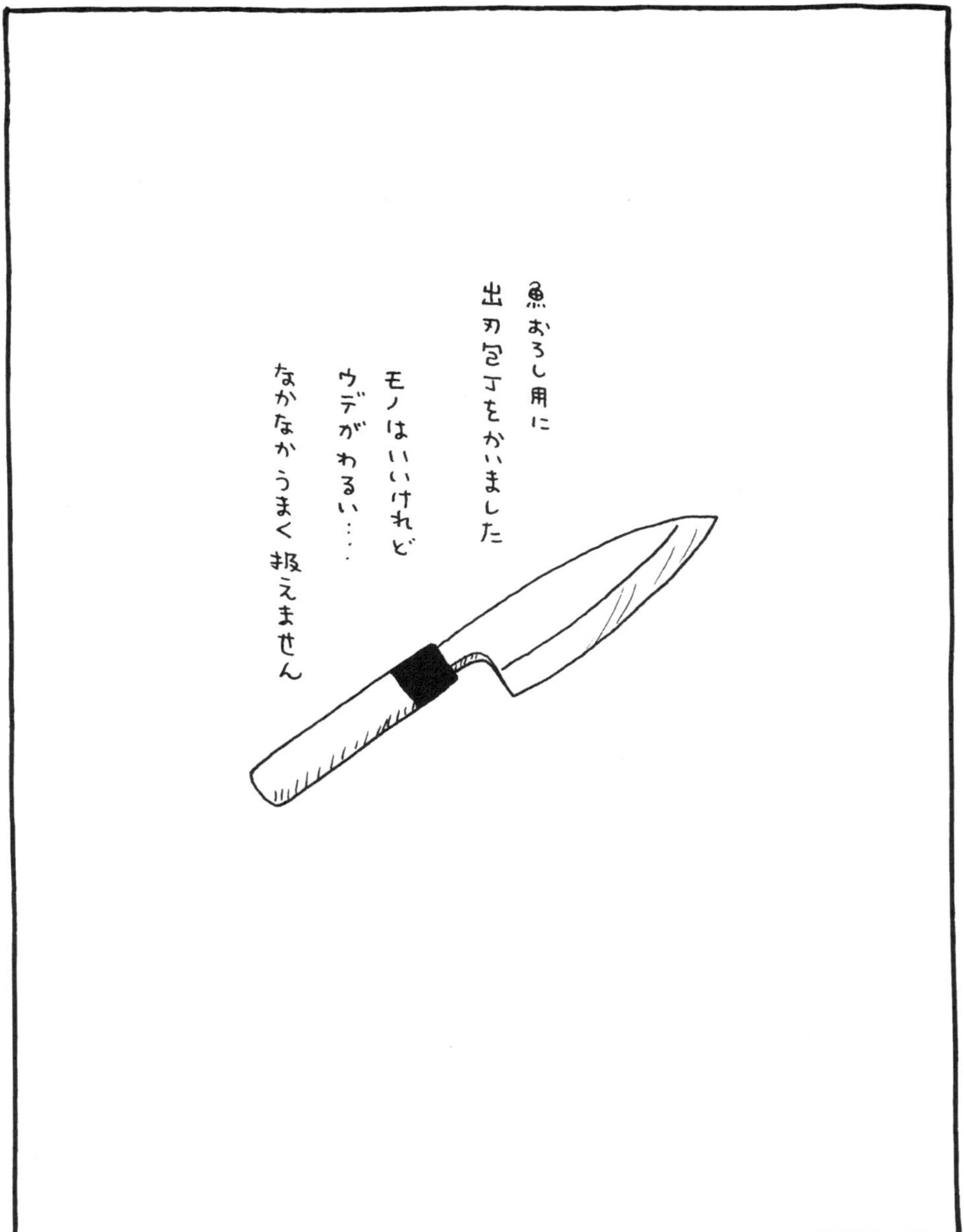
魚おろし用に
出刃包丁をかいました
モノはいいけれど
ウデがわるい・・・
なかなかうまく 扱えません

料理道場

6

「なんとか漬の素」より断然うまいんだから

野菜を1日300グラム食べなさい、という。食物繊維、ビタミンうんぬん……。でもそんなこと言われるまでもない。野菜大好きだもの。さて、どうやって食べるか。

煮る、蒸す、炒めるなどはかさも減るのでたくさん食べられるし、それぞれ特有の食感や味わいが引き出されてうまいものだ。でも新鮮な生野菜をバリバリと食べるのが、いちばん上等でおいしいんだよね。またそれを漬物にすると別のうまさが。浅漬け、ピクルスなど歯ごたえ、みずみずしさがより引き立つ。うま。

今年の春～夏は引っ越しや、取材旅行でぬか床をほうっておき、だめにしてしまったし、ピクルスもなんとなく作らなかったな。手間のかかる保存食は気合とタイミングが大事なんです、言い訳。

で、「ビニール漬け」活躍。ちゃっちゃっと作れるそれをサラダのようにバリバリと食べるのだ。え、市販の「なんとか漬の素」？　ふっ、そんなもの。もっとシンプル、そしてうまいんだから。

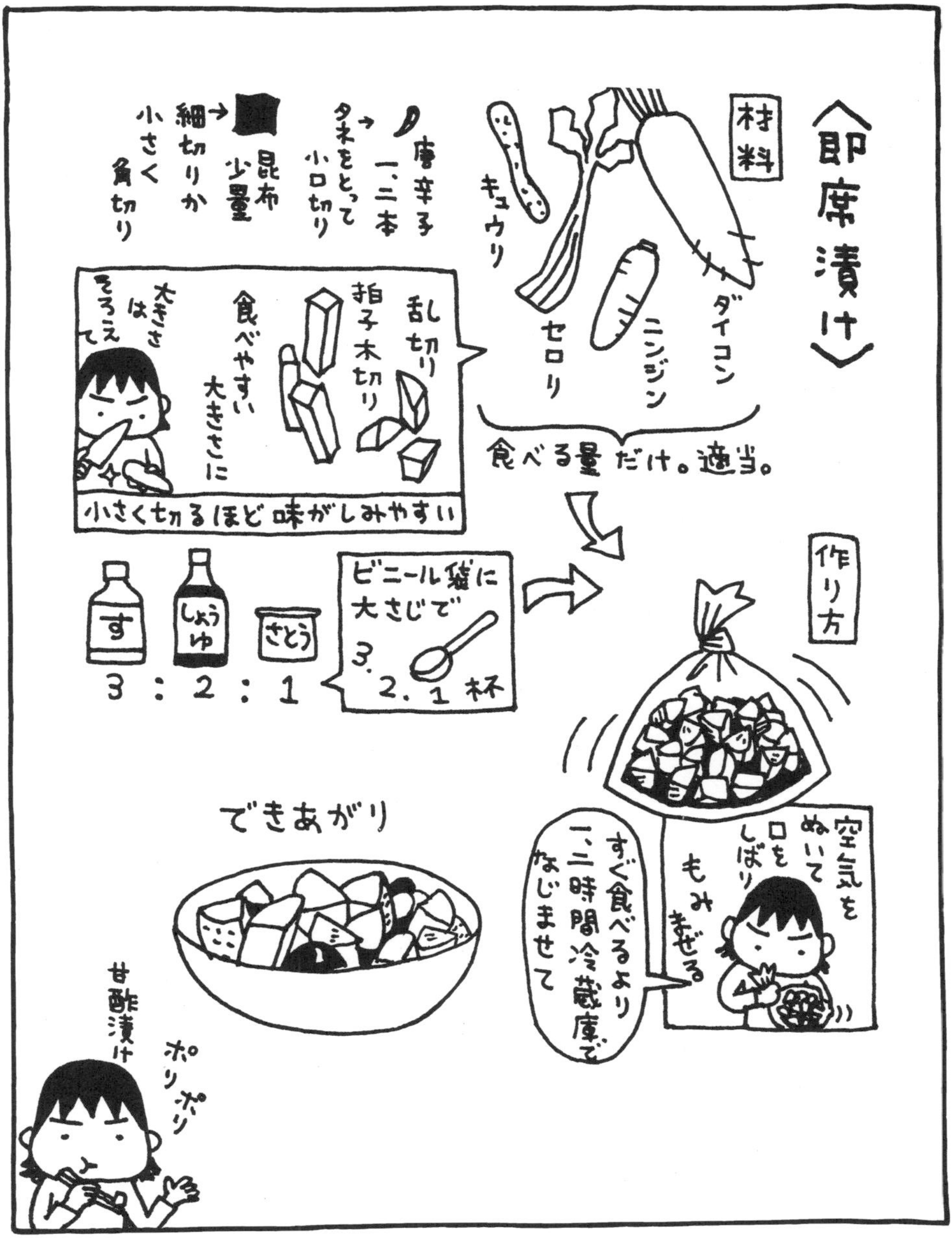
〈即席漬け〉
材料
ダイコン
ニンジン
セロリ
キュウリ
食べる量だけ。適当。
唐辛子 一、二本 → タネをとって小口切り
昆布 少量 → 細切りか小さく角切り
乱切り
拍子木切り
食べやすい大きさに
大きさはそろえて
小さく切るほど味がしみやすい
す
しょうゆ
さとう
3：2：1
ビニール袋に大さじで3.2.1杯
作り方
空気をぬいて口をしばり
もみまぜる
すぐ食べるより一、二時間冷蔵庫でなじませて
できあがり
甘酢漬け
ポリポリ

〈アジアン風〉
レモン汁
ナンプラー
さとう
1：2：3
野菜は太めの千切りに。しなっとさせるといいかんじ
シャンツァイちらす
野菜は一種でもいい
もみもみ
調味料をかえるだけ（昆布はいらない）
もっとカンタン〈こぶ茶漬け〉
白菜かキャベツ（ざく切り）
大葉（千切り）
こぶ
昆布茶（適当けっこうびっくりなめて）
もむ
しんなりしたらできあがり

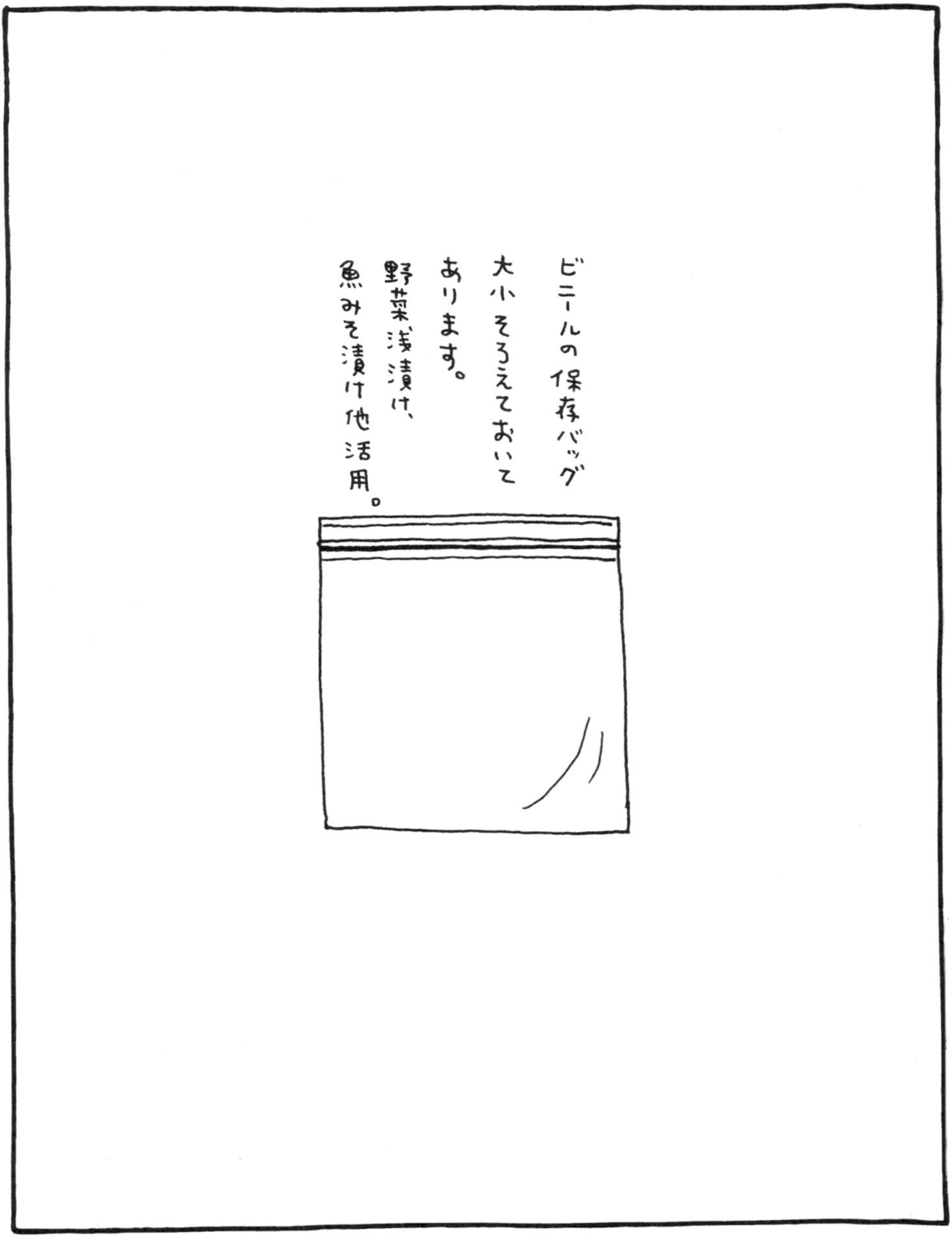
ビニールの保存バッグ
大小そろえておいて
あります。
野菜浅漬け、
魚みそ漬け他活用。

料理道場 7

甘辛のサバみそ、ワインでもいけます

サバみそ煮、このポピュラーな家庭料理をわたしは大人になるまで食べたことなかった。食卓に上ったことがなかったからね。

わたしの両親はけっこう偏食なのだ。母はそもそも魚が苦手。料理上手の人だけど、魚料理のレパートリーは少ない。父は「どろどろしたもの」が嫌い。茄子をくたくたに煮たのなんかも食べないので、ビジュアル的に嫌悪しているらしい。サバみそもどろどろ風の外見だからね。

なのでサバみそは家の外で覚えた味。べつに衝撃的な味というわけではなかったと思う。最初にどこで食べたか覚えていないもん。でもおいしいよね。甘辛コックリ味で。

わたしは好き嫌いが全くといっていいほどなく、そして魚を食べるのもさばくのも（下手だけど）好きなので、サバみそはよく作る料理の一つとなっている。みそは特に選ばないけど辛口のものがいい。

おもてなしにパンやワインで食してもけっこういけます。意外な感じで。……好みもありますが。

〈サバみそ煮〉

↑スーパーなどでは大抵二枚におろしてあるので初めてサバの顔を見たとき、目が黒くて大きくておどろいた。

材料
・サバ一尾
・ゴボウ一本
・さとう大さじ3
・みりん大さじ3
・しょうゆ大さじ3
・酒カップ1/2
・水カップ3/4
・みそ大さじ4
・しょうガ二片

作り方
①サバは三枚におろし、五等分くらいにそぎ切りする
ゴボウはよく洗い、五センチくらいに切る(太いのはタテに割る)
②みそ、しょうが以外の調味料を鍋に入れ火にかける
沸騰したら
③サバを入れる
アクがでたらとる
④ゴボウを入れる
落としブタをして弱火で十分ほど煮る
⑤みそ投入
ハシで溶かしながら
⑥しょうがはせん切りにして投入
さらにトロリと煮つめる
コトコト
できあがり!!
このゴボウがまたうまいの!
ごはんもすすむ甘辛味
小ぶりにつくっているので酒のアテにも
わたしは上記の半量で作って、もう半身をシメサバにします。
脱水シートにはさむ(3時間)
ピチっと
酢につける(20分)
骨ぬきする
うすかわをはぐ
以上カンタンだけど
新鮮じゃないとうまくいかない

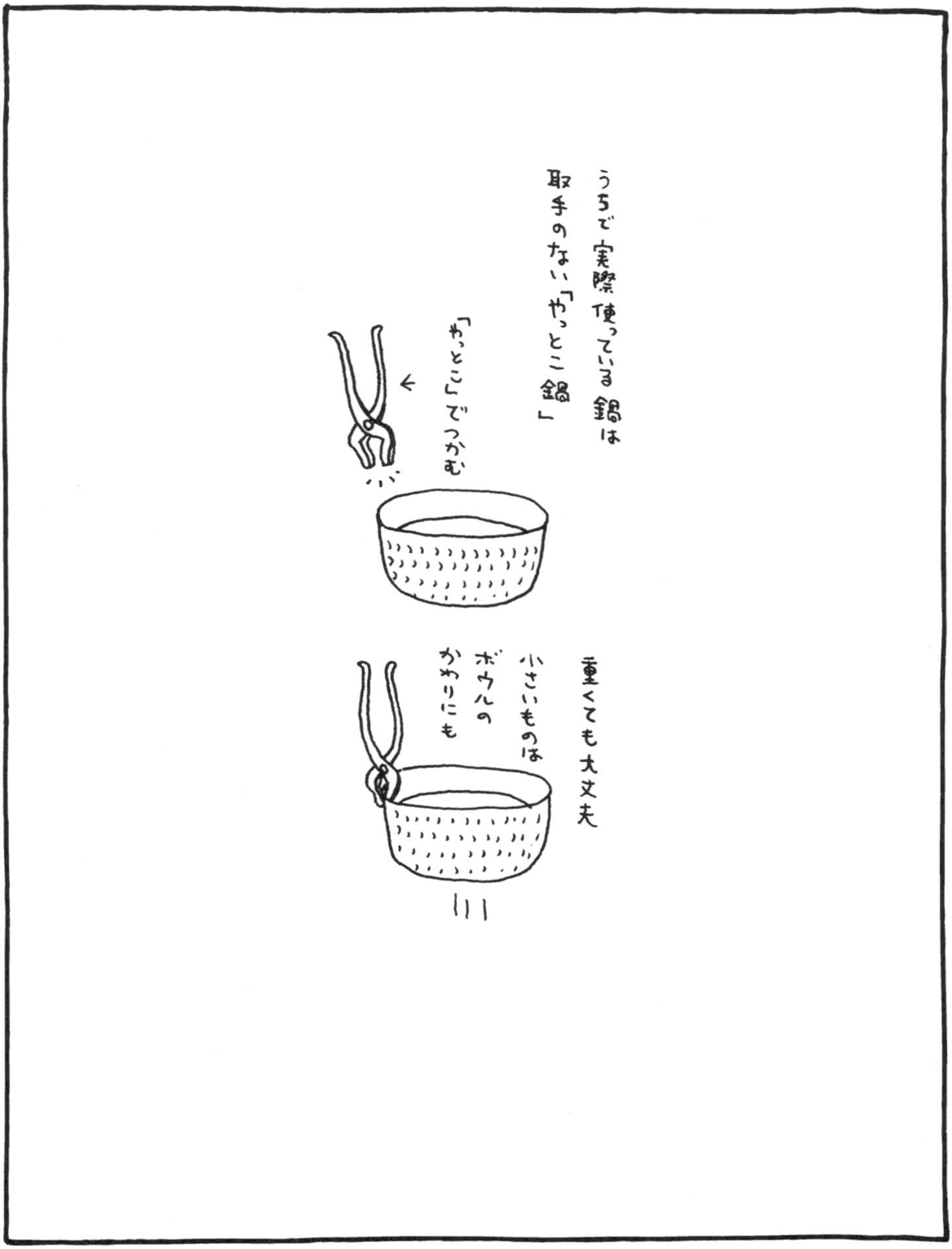
うちで実際使っている鍋は
取手のない「やっとこ鍋」
「やっとこ」でつかむ
重くても大丈夫
小さいものは
ボウルの
かわりにも

料理道場 8

粉なしのお好み焼きなら、おかずによしし肴《さかな》によし

お好み焼きってどう思いますか。わたしは好きなんだけどね、うん。青のり、おかか、ソースの香りがなんとも魅力的な日本のファストフード。

しかし、家で作って食べる場合、おやつというにはボリュームがありすぎるし、一食がこれだけだとちと寂しいかんじに。かといっておかずじゃあないでしょう。関西ではこれをおかずにご飯を食べると聞くけれど。だって、これ、炭水化物じゃん。うどんやご飯と同列。

わたしは（この連載読んでいる方はお気づきでしょうが）お酒が好きなので、ちびちびつまむ系のおかずが好きで、ご飯や粉モノは、お腹にずっしりきていただけないのです。お好み焼き、もうちょっとつまみとして軽い感じにしたいなあ。

で、粉を使わないお好み焼き。山芋だけで生地を作るので、ふわふわしていて腹にもたれません。山芋はもともとお好み焼きの生地につなぎとして使われているので、違和感はないです。

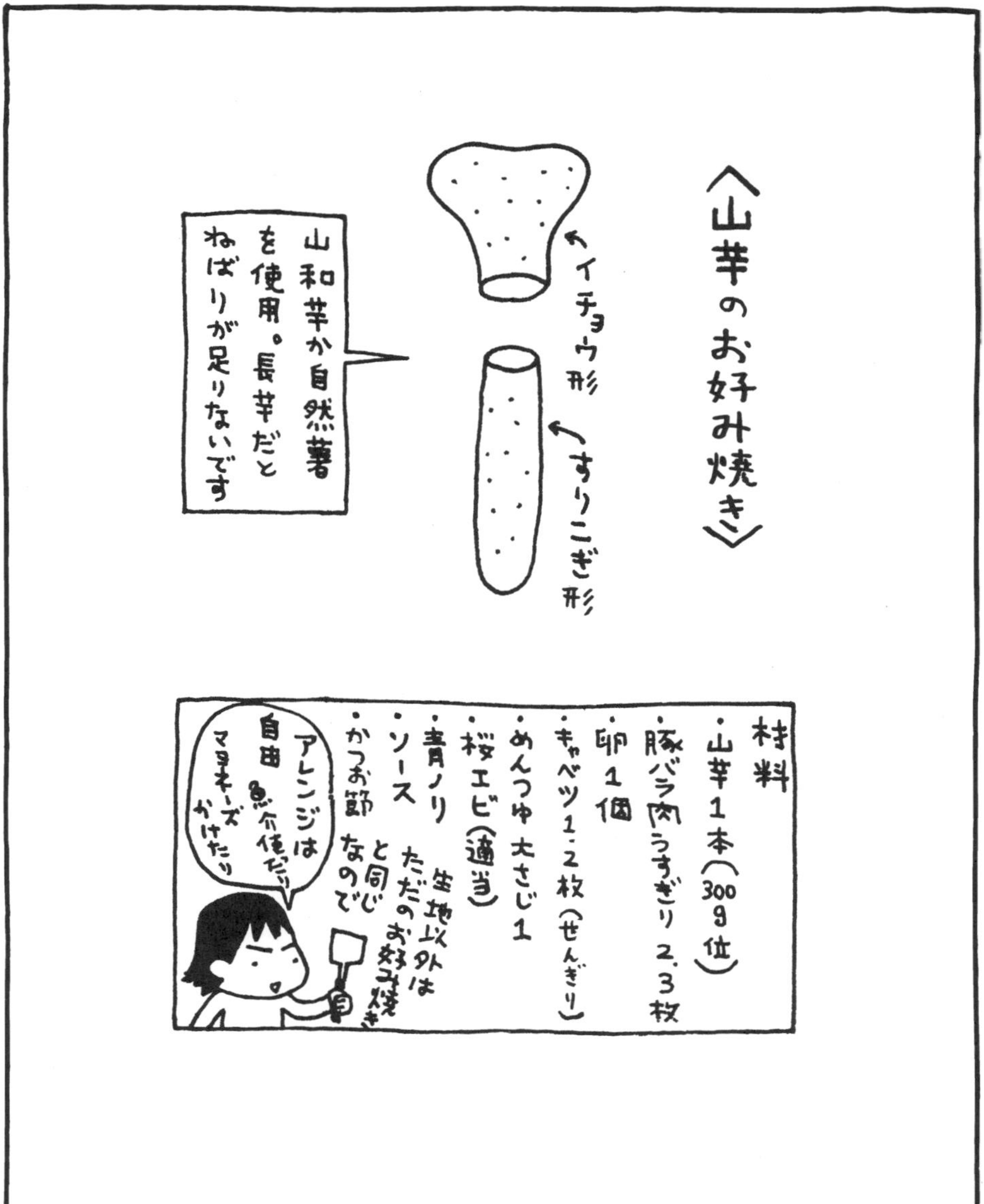
〈山芋のお好み焼き〉
イチョウ形
すりこぎ形
山和芋か自然薯を使用。長芋だとねばりが足りないです
材料
・山芋1本(300g位)
・豚バラ肉うすぎり2.3枚
・卵1個
・キャベツ1:2枚(せんぎり)
・めんつゆ大さじ1
・桜エビ(適当)
・青ノリ
・ソース
・かつお節
生地以外はただのお好み焼きと同じなので
アレンジは自由 魚介使ったりマヨネーズかけたり

作り方
① 山芋の皮をむいてすりおろす
ヌルヌルやりづらいけど
セラミックのすりおろし器
安定して使いやすい
ねばりが強いのでおモチのようにひとまとめに
手でつかめるほど
② 卵をほぐして山芋に混ぜる
めんつゆも混ぜる
③ キャベツ・桜エビも混ぜる
④ フライパンに（ホットプレートでも）火を入れ、油をひき、豚肉を並べる
片面焼けたらうらがえして
⑤ 生地を流す
弱めの火加減で焼く
全くお好み焼きの要領で
じゃー
⑥ 両面焼けたら
ソース
青ノリ
かつお節
トッピング
できあがり
山芋の料理でカンタン肴
〈山芋と卵の素揚げ〉
① 山芋をすって、一人前量まるめて揚げる
② 卵を器に割り入れ、そーっと揚げナベに流し入れる（破裂しないよう低温で）
③ 二つを器に盛り、青ノリをふる
④ しょうゆポトリとおとして食べる
外はサクッ 山芋ふわッ 黄身トロリで

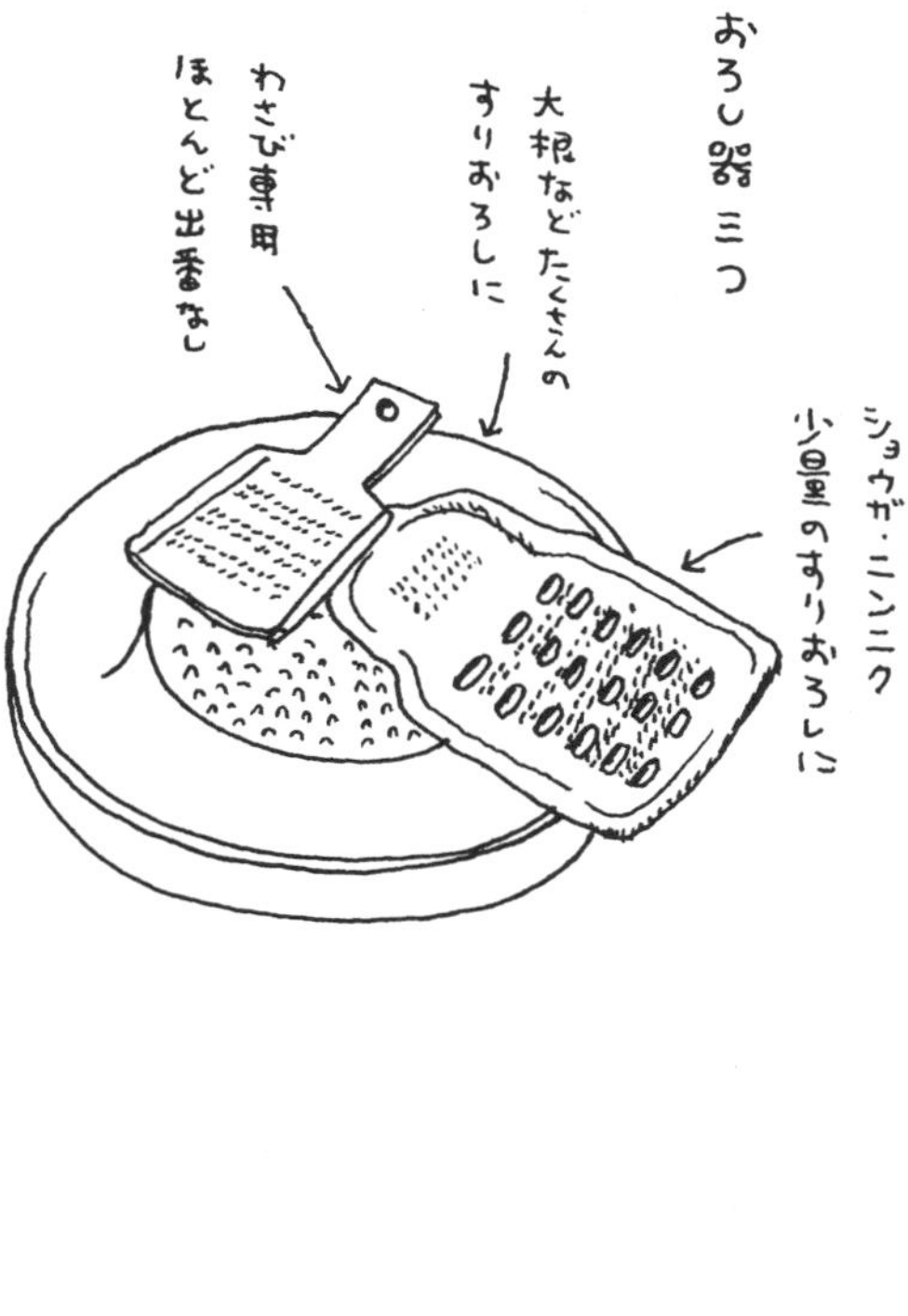
おろし器 三つ
大根などたくさんのすりおろしに
わさび専用
ほとんど出番なし
ショウガ・ニンニク
少量のすりおろしに

料理道場 9

コトコト根気の煮豆作り。ぜいたくな時間だなあ

コトコトと黒豆を煮る。黒豆といったらお正月のおせちの一品。だけど、そんなかしこまった感じじゃなく、お総菜として作っています。秋深まると新豆が出回るし（春の古豆の処分セールなんかのときにも作るけどね）。市販のようにつるピカじゃなくシワシワだけど、「シワ」を長寿の印として縁起をかつぐというし。いいんじゃないかな。

煮豆は時間がかかる料理だ。作業自体は簡単なんだけど、豆を煮る前日から取りかからなければいけないし、煮ている間は目が離せない。噴きこぼれないように、煮詰まらないように、火の横で見守っていなければいけない。

ぜいたくな時間の使い方だなあ、と思う。コトコトコトコト……。

そうやって手間ひまかけた一鉢は箸休めに。豆の甘みが食事にめりはりをつくって楽しいので、つい箸が進むはず。日持ちもするし。

ガラスの器などに盛りつけるとなかなか美しく、お茶請けにすることもあります。

乾燥
黒光、丹羽黒、など銘柄がある
〈煮豆〉
水を含むと豆らしくふくらむ
材料
黒豆（カップ3）
砂糖（カップ3）
しょうゆ（大さじ2）
塩（ひとつまみ）…
多い気がするけど
砂糖は減らすとツヤがでなくてドロリとしてしまうので分量守って
これがボーダーライン

作り方
① 豆をソッと洗う
欠けていたり皮がやぶけている豆はよける
② 一晩水につける
③ 圧力ナベに入れる
水は豆に4、5センチかぶる位
フタ
アルミハクのおとしぶた
④ 火にかける
ピッ
圧が上がったら12分くらい
⑤ 火を止める
圧が下がったらフタをとる
⑥ 砂糖投入
一気に！
よくかきまぜる
⑦ 弱火にかける
おとしぶた
その上にフタ
（ちょっとずらして）
ふきこぼれに注意しながら
一度こがしたことがある
ハッ
約二時間。
煮つまって豆がツヤツヤのシワシワになる
⑧ しょうゆ投入
10分ほど煮る
⑨ 塩投入
10分ほど煮る
できあがり
一日おくと味がなじむ
一週間は日持ちする
圧力ナベがなかったら!!
ふつうのナベにおとしぶたして
ずらしぶた
水が減らないように時々足しながら5時間ゆでる。
根気!
⑥以下手順同様に。

圧カナベを使うと
お豆も肉も
カンタンに
やわらかく
なる。
シュン
シュン
うちの圧カナベ
フィスラー社製

料理道場 10

築地で牡蛎を箱買い… そんな家人が欲しい

牡蛎、好物です。冬は牡蛎の季節ですよね。食べ方はなんといっても殻付きナマのまんま。レモン汁をちゅっと絞りかけて、殻ごと口に運び、つるっとね。ん〜っ、うまい！

しかし、殻付きの生牡蛎を自宅で食べるのはなかなかできませんね。知人のおじさまに、築地で箱買いして家族にナイフであけつつ振る舞うのが趣味（?）という方がいらっしゃいますが、わたしもそういう家人が欲しいです。

火を通した牡蛎もナマとは別の味わいでうまい。牡蛎フライ？　大好き！　でも火加減の絶妙さを思うとお店で食べるほうがいいかな。

では、家での牡蛎の扱いは。卵と炒めたり、鍋の具にしたり。中華風、アジア風、ほか楽しみ方はいろいろあります。

常備菜としての定番はオイル漬け。安売りの牡蛎が店に出ると大量に買ってきて、仕込みます。しっかり煮詰めてぎゅっと濃縮した感じが素敵で、前菜的にいただきます。日持ちがするので作っておくと重宝。

「牡蛎オイル漬け」

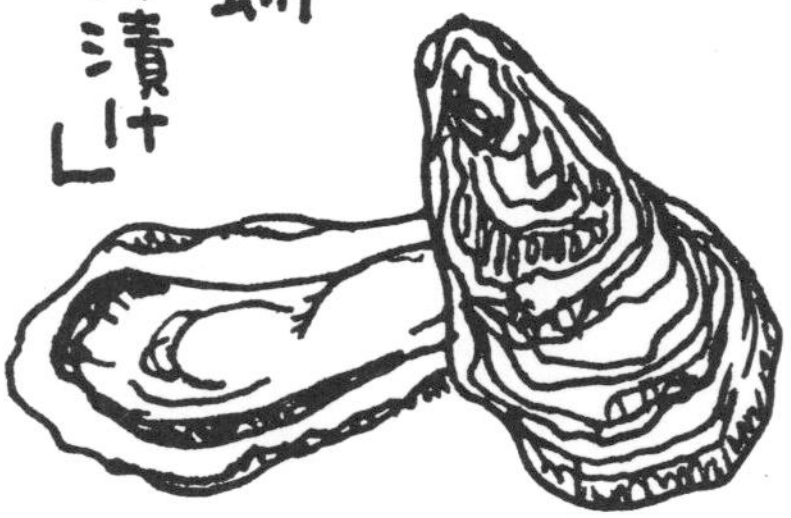

材料

・カキ600g

加熱用のカキの方が味いいみたいです

・オイスターソース 大さじ2
・ローリエ 2枚
・赤唐辛子 1本（種をぬく）
・オリーブオイル 適量
・小麦粉 ひとにぎり
・ねぎ 適当

作り方
①冷水に小麦粉を溶き、カキを洗う
汚れがとれやすい
(きれいな冷水でかるくすすぐ)
②カキの水をよく切り、鍋に入れから炒りする
③カキがぷくとしてきたら、オイスターソースを入れ、混ぜる
④ふたをして煮る
カキからたくさん水気が出てくる
水気がなくなったら
⑤火からおろして冷ます
⑥密封容器に移し、ローリエ、唐辛子を上にのせる
⑦オリーブオイルをひたひたに注ぐ
気泡が入らないように
⑧冷蔵庫へ
…3日目位から味がなじんでおいしい
(一カ月は保存できる)
白髪ねぎか青ねぎの小口切りなどを添えていただく
お客様へのオードブルとしても活躍。
おいしい!!
カキ嫌いの友人も食べられた
おお これはうまい
!!
注 オリーブオイルは冷やすと固まるので、食べる分だけ室温に戻して皿に盛る
でも
一度にたべきっちゃうことしばしば
…鍋にこびりついたカキエキスにオリーブオイルを回しかけ、フランスパンになすりつけて食べる
うま
楽しみは料理者の特権!!
いじきたないけどね

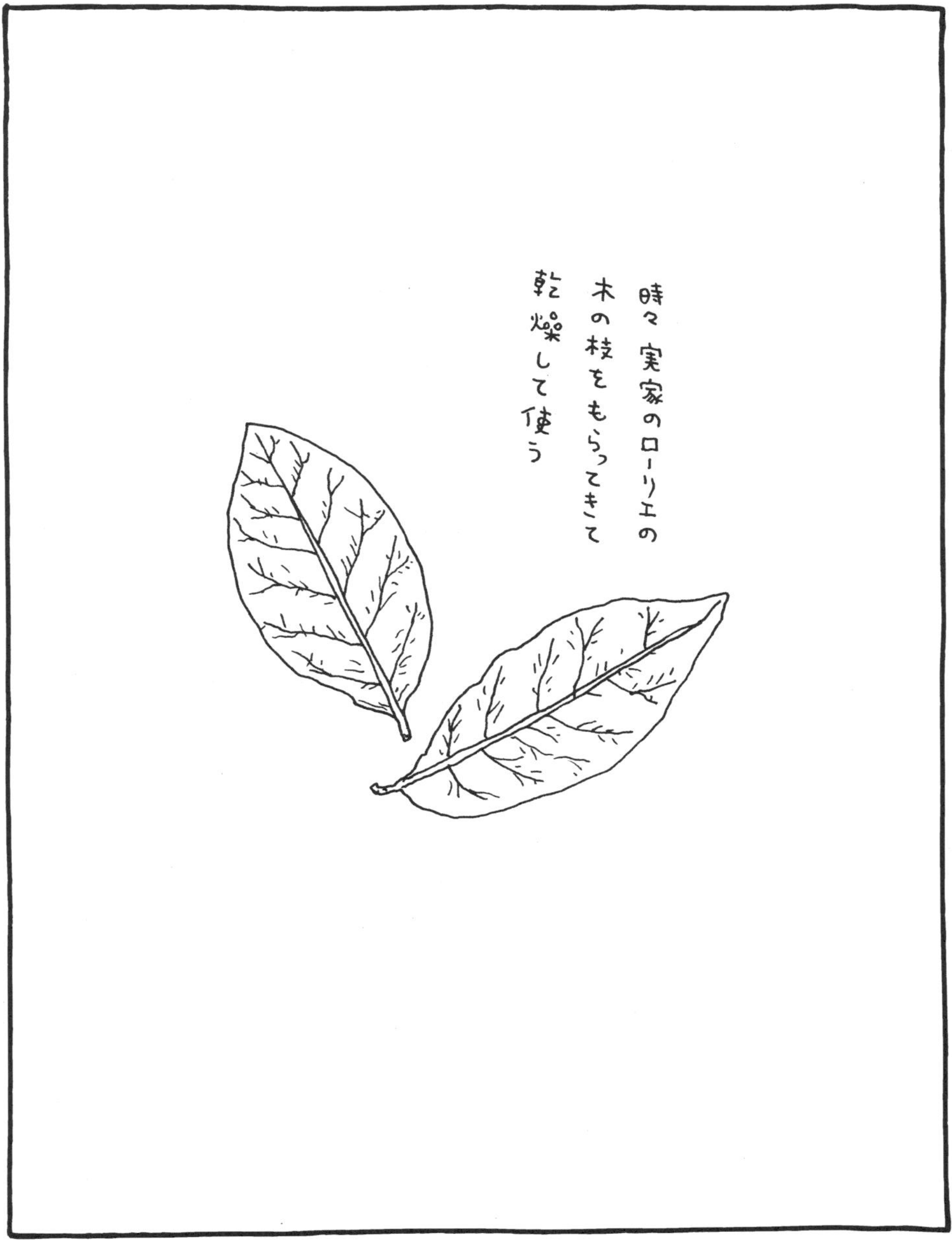
時々実家のローリエの
木の枝をもらってきて
乾燥して使う

クニュクニュ、シコシコの鶏内臓を楽しむ

内臓を食らう、というとあまり品がいい感じはしないかもしれないけれど、わたしは大好き。焼き肉屋ならレバー、センマイ、コブクロ、テッチャン……。鮮度の良い内臓は臭みもなく、生で食べたいくらい。内臓のおいしさはクニュクニュ、シコシコ、トロリ、と歯ごたえ口当たりの楽しさ、噛みしめるほどにじんわりにじみ出るうまみにある。

しかし、「臓物」というイメージからこれを嫌う人も多い。いや、味やにおいも嫌なのか。実はわたしも子供のころは苦手だった。レバーのざらっとした感じがね。でも母親にだましだまし食べさせられていたよ(焼き肉に巧みに混合されて皿にのせられるのだ)。レバーには大切な栄養素(鉄分とかビタミンA)が豊富だからね、母心。

わたしが家でよく作るのは鶏の内臓のラグー。トマト味の粗いミートソースみたいな感じで内臓嫌いも食べられる。

レバー、砂ギモ、ハツ、それぞれの歯ごたえも楽しい一品です。

料理道場

〈鶏内臓のラグー〉

バゲット添えて

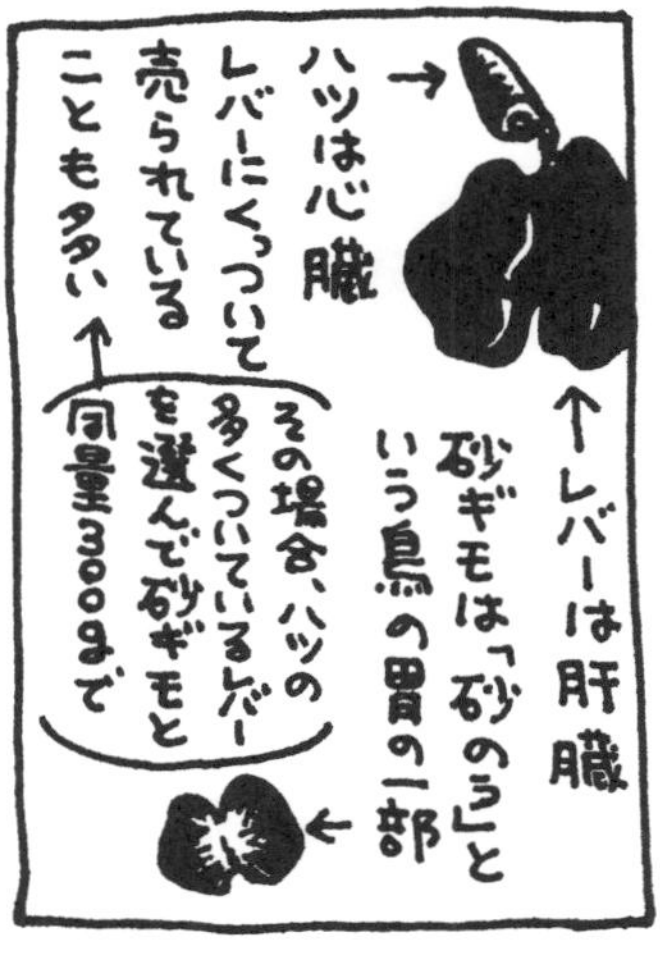
↑レバーは肝臓
砂ギモは「砂のう」という鳥の胃の一部
ハツは心臓
レバーにくっついて売られていることも多い
(その場合、ハツの多くついているレバーを選んで砂ギモと同量300gまで)

材料

- トリレバー 200g
- トリハツ 200g
- 砂ギモ 200g
- 玉ネギ 大1個
- トマト缶1つ(450ml)
- 顆粒コンソメ小さじ1
- ローリエ 2枚
- オリーブ油 適当
- シオ・コショウ 適当
- パセリ 適当

作り方
①レバーとハツは冷水で洗い、臭みと血抜きをする
②砂ギモ、レバー、ハツそれぞれ脂肪などの汚れをとり、3、4ミリ厚にスライス
レバーは大きさをそろえて
③玉ネギは薄くスライス
④ナベを火にかけ
オリーブ油をひく
⑤玉ネギを炒める
キツネ色になるまで
⑥ナベ中央をあけ
玉ネギ
オリーブ油を流し、
そこに
⑦砂ギモ投入
肉色かわる程度炒め
シオ
コショウ
続けて
⑧ハツを⑥⑦の手順で炒める
⑨レバーも同様に
⑩トマト缶投入
↑缶に水を半量入れて投入
⑪コンソメ ローリエ入れる
⑫トマト崩しながら
20分位煮込む
味みてシオコショウで調える
パセリふってできあがり
パスタ仕立てにしてもイケます。
チーズかけると
うまさアップ
ソースがよくからむペンネが合うと思う。

トマト缶はセールの時などに
買いこんでおく
SOLLEONE
Pomodori Pelati

料理道場 12

「ちびちび肴」なのに、ばくばくとなくなる

日本酒のおいしい季節ですね。いや、いつ飲んでもおいしいのだけれど、今ちょうど新酒のころだし、近づく春を感じながら傾ける一献は格別でしょう。

ゆるりと飲む酒の肴はちびちびといけるものがいい。そう、味も風味もぎゅっと濃厚で、豆皿にのったそれだけで何杯もいけちゃうような。

あまり固形じゃないのもポイントかも。塩だけなめなめ飲む輩もいるくらいで、腹を満たすためじゃなくて酒を引き立てるのがいい肴。

うちで作る「ちびちび肴」イチオシはカツオの酒盗とクリームチーズを練り合わせたもの。

酒盗そのままでもおいしいものだけど、チーズの酸味とコクが合わさると別物！

これ、うちに呑み助が集まったときに出すとばくばくとなくなる……。ちびちび肴なのに。

でも大丈夫。練るだけだから作り足し簡単。ほろ酔いながらねりねりします。これもちびなめ肴の重要ポイントです。

〈ちびちび肴〉

酒盗クリームチーズ

かつお酒盗1：クリームチーズ2
くらいの割合

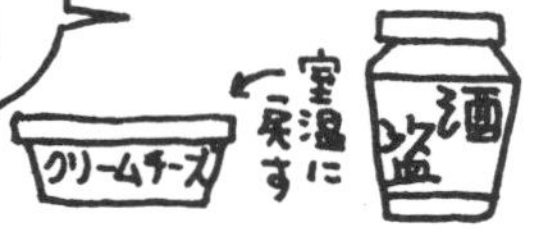

ほんのり桜色
できあがり

他にもちびちびー
海苔チャンジャ
※チャンジャは韓国のタラの腸を使った塩辛
韓国海苔
チャンジャ
どちらも てきとう
海苔は細かくちぎってたっぷりめにチャンジャとまぜあわせる
辛さがちょっと和らぎ海苔の風味が良い
赤と黒のコントラスト
たたきピータン
ピータン1個
からし てきとう
しょうゆ てきとう
和
ピータンを大まかに刻んで調味料を加え好みのかげんにたたく
トントントン
ラップにくるみ丸くまとめる
キュッ
黒緑の玉
香菜→そえて
くずしながらたべる
ーーってコレら、料理とはいえないような・・・・。
タラコに切り目入れてゴマ油かけてネギみじん切りをのっけただけ…とかもうまい
ほぐしながらつつく
ちょっとひと手間の妙ーー
ってことで
たたきピータンは冷ややっこにのっけても美味しい前菜となる
海苔チャンジャはあったかゴハンにもサイコー！何杯でもいけそう
酒盗クリームチーズ、先日なんとなく黒豆煮と一緒に出したら
このねっとり感、塩味と豆の甘みが！
グッド!!
やみつきになりそう
妹
友人
意外な相性発見！
ばくばく食べてる！

「ちょっとしたもの」保存に
ジップロックの保存容器
冷蔵庫の中の
整理にも
Ziploc

料理道場 13

甘みと酸味がギュッとしていておいしいの

イタリア料理のレストランに行くと、食事の順番って「前菜」→「パスタ」→「主菜」でしょう。でもそれって日本人的にはどうかと。

めん類、ご飯系って最後のシメじゃない？　満腹って思えるから。それを途中で食べちゃうと、その後の肉魚がきつかったりする。んん、食文化の違いですかね。

まあ、正式に従うのも楽しいんですが、カジュアルな食事の場なら、わたしは「前菜」→「主菜」→「パスタ」とお願いしてしまいます。おいしく食事できるのがいちばん。

うちでもパスタは最後に出すことが多いな。

シメのパスタはずっしりクリームソースよりオリーブオイルと旬の素材をシンプルにからめたようなあっさりが好き。春ならキャベツとアンチョビのパスタとか。

最近、断然気に入っているのはプチトマトのパスタ。トマトソースよりさらりとしていて、甘みと酸味がギュッとしていておいしいの。うちの新定番。

〈プチトマトのパスタ〉

材料

- パスタ2人前（160gくらい）
- オリーブオイル（50ccくらい）
- にんにく1片（みじん切り）
- プチトマト（20粒くらい）
- 塩てきとう
- バジルの葉5枚（粗くせん切り）

作り方
①オリーブオイルとにんにくをフライパンに入れる
火にかける
にんにくの香りがでたら（焦がさない）
②プチトマトを入れる
皮がはじけるていどに火を通す
③塩で味をととのえる
④パスタを茹でる
茹で時間はパッケージ記載に準ずる
⑤パスタとトマトを和える
バジルを加える
できあがり
トマトをつぶしながら食べる
甘くフルーティでおいしいソース
これホントは
トマトソース作っていたら
トマト缶がない!!
急きょアレンジして作ったもの
だから
プチトマト←をトマト缶ひとつに代えて
ちょっと煮つめて
粉チーズふりかけて
〈トマトソースパスタ
わたしはパスタにもしっかり塩味をつけます（塩多めで茹でる）
その分ソースは塩控え目で
ソースも残さず食べたい
あっさりパスタはスパゲッティーニ（ちょっと細めのパスタ）
こってりにはペンネ（ペン先型）

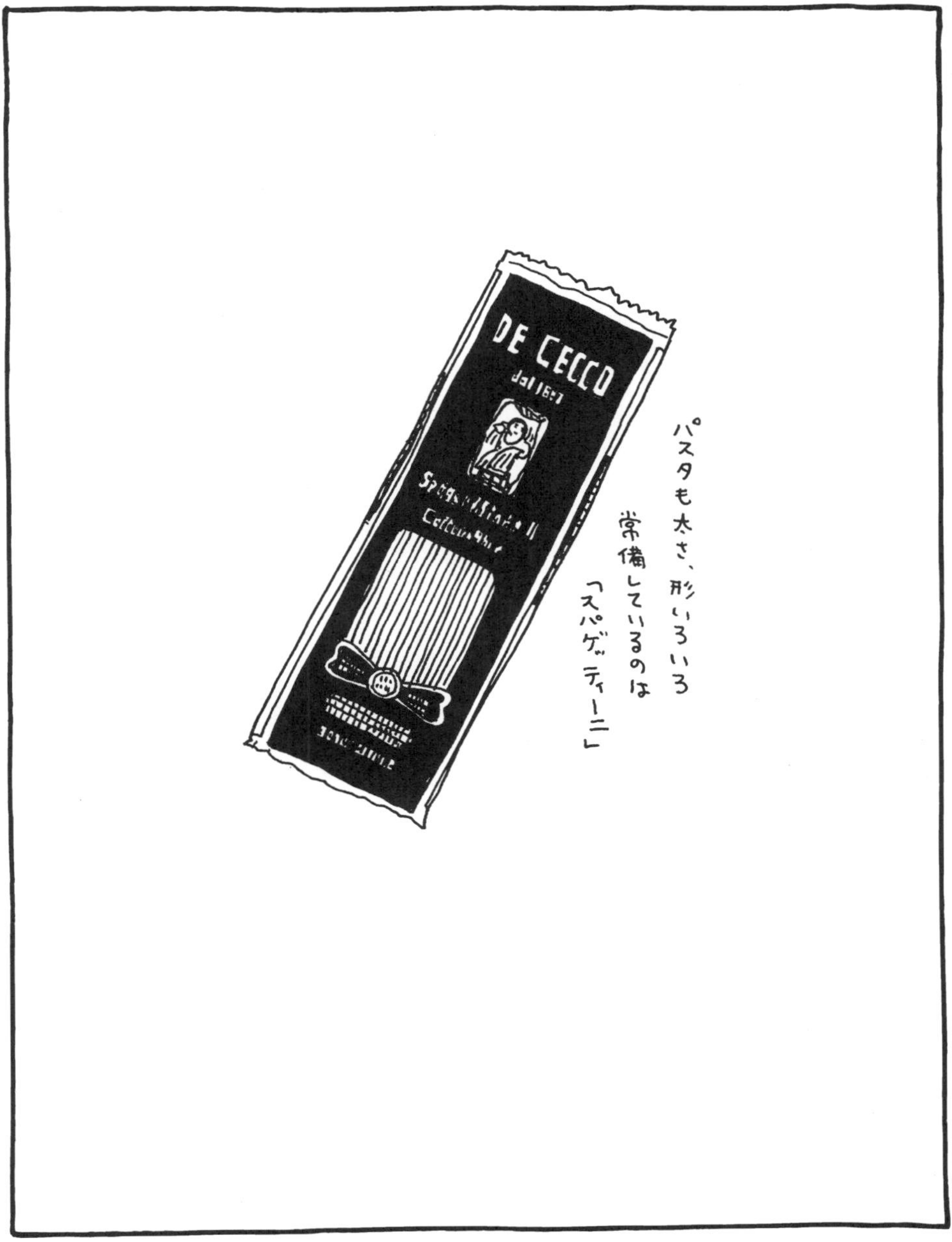
DE CECCO
パスタも太さ、形いろいろ
常備しているのは
「スパゲッティーニ」

料理道場 14

うまみととろみで、たっぷりサラダをいただこう

サラダドレッシングの基本材料は、酢、油、塩、コショウ。イタリア式に食卓の上で各自調味していただくのは、シンプルで生野菜の素材を楽しむ良い食べ方。

わたしは魚介の入ったサラダが大好きなんだけど、その場合、このドレッシングの作り方ではちょっと味が決まらず、もの足りなく感じてしまう。

市販のドレッシングっておいしいんだよね。うまみが強くて、とろみもあって野菜とのからみもいい。表記されている原材料を見ると、いろいろ入っているんだな。ナントカエキス、うまみ調味料、香料、増粘ナンタラ……。

で、ドレッシングにうまみととろみをつけるため、すりおろしたタマネギやニンニク、ショウガなどをプラスしてみた。と、いい感じに風味が複雑になり、からみも良くなる。

具材によって、カラシ、ワサビなど、ときどき加えて、たっぷりサラダをいただこう。

〈サラダドレッシング〉

材料
・酢 1/2 C
・油 1/4 C
・玉ねぎすりおろし 1/10コ分くらい
・にんにくすりおろし 1/2片分くらい
・しょうがすりおろし 少々
・しお小さじ1
・こしょう てきとう

作り方

① 油以外の材料を合わせる

② 油を加えて混ぜる

できあがり

油ヌキでもおいしい！
←友人
という意見もある
それでもイケるけど
油で味に丸みがでると思う

魚介サラダバリエーション　3種
マグロ刺し身とさらし玉ねぎ、クレソンのサラダ
（ドレッシングにワサビをプラス）
白身魚でもいい
イワシ酢じめと大根、ルッコラのサラダ
（しょうが利かせて）
プチトマト
タコとセロリ、ニンジンのサラダ
（カラシをプラスしてマリネする）
立派な一品料理サラダ
香味野菜をたっぷり使うのが好きです
〈シンプルドレッシング〉
オリーブ油
あるいはレモン汁
ビネガー
しお
こしょう
野菜を油で和える
しお、こしょう
酸味はちょっとでいい
特に油と塩は上等なものを用意するべき！
味が全然ちがう！
レタスだけのサラダだっておいしい
ゴマ油に変えてもおもしろい
ナンプラーもいける

油も調味料
クセのない太白ゴマ油
香りの良いゴマ油
ピリッとした風味のオリーブオイル
OLIO EXTRA VERGINE DI OLIVA
手絞りごま油
太白胡麻油

料理道場 15

「これなに!?」と客人を驚かせる、真っ黒な食材とは

実家から乾燥ひじきをおすそ分けされた。ひじきの収穫って春から始まるらしい。春ひじきは軟らかくておいしいんだって。

さて、このひじき。油揚げなんかと炒めて甘辛く煮付けるのがお総菜としていちばんポピュラーだけど、飽きるんだよね。

わたしはひじきだけを味付けして、いろいろ楽しめるようにしている。甘じょっぱく煮たひじきはご飯にのっけて佃煮風に食べたり、卵焼きに混ぜ込んでも。おそばにあえるのもおもしろい。

真っ黒の食材って食卓の上で映えます。そういえばP・グリーナウェイの映画『コックと泥棒、その妻と愛人』の中でコックが「いちばん高価なのは黒い食材だ」というセリフがあったな（それはキャビアやトリュフを指すんだけど）。

ひじきを洋風にマリネにしてサラダのように盛りつけると、さらにつややかに魅惑的で、お客人に「これなに!?」と驚かれます。で、食べるとおいしいと。んー、どうです？

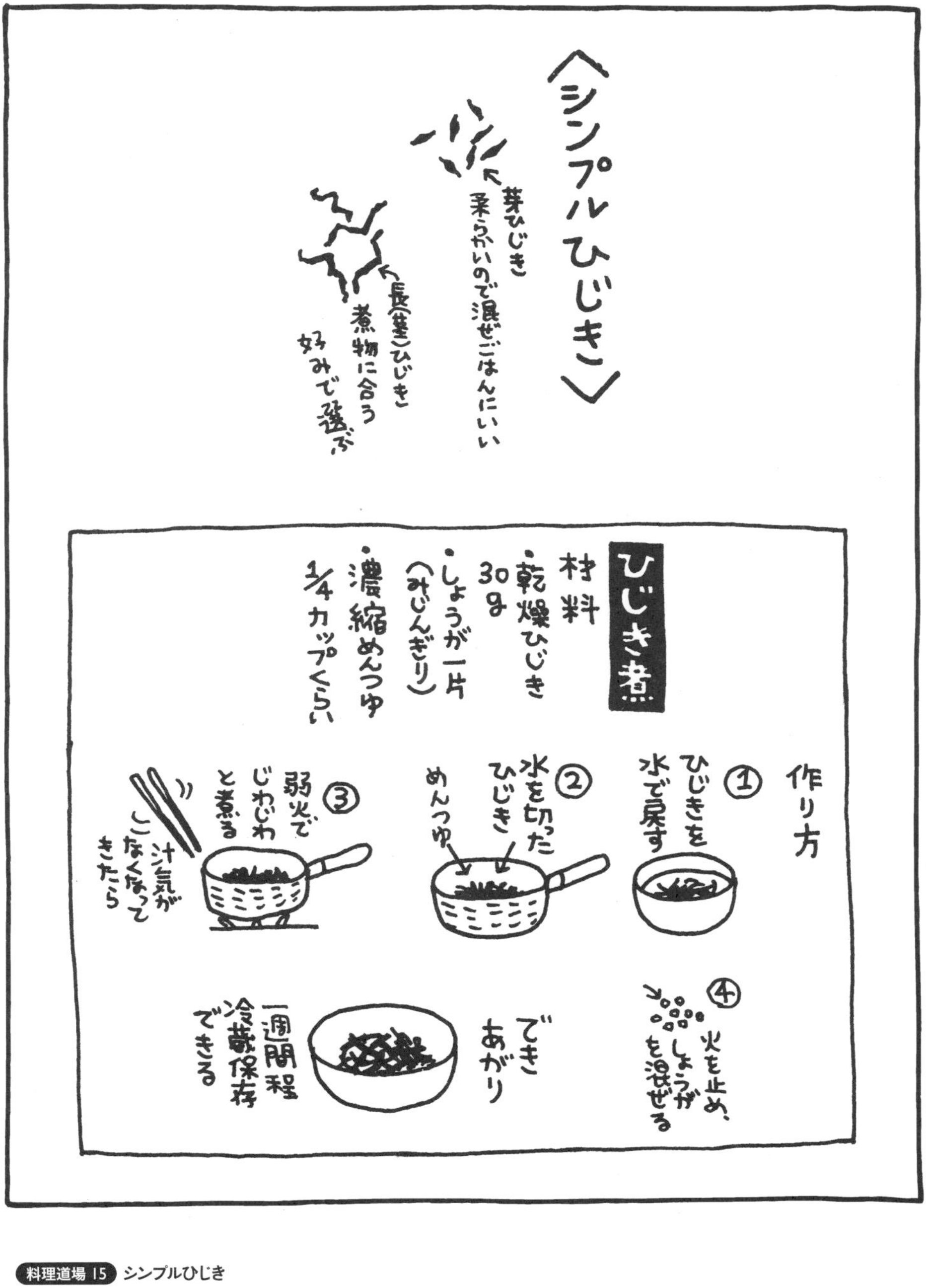
〈シンプルひじき〉
芽ひじき
柔らかいので混ぜごはんにいい
長(茎)ひじき
煮物に合う
好みで選ぶ
ひじき煮
材料
・乾燥ひじき 30g
・しょうが一片
(みじんぎり)
・濃縮めんつゆ
1/4カップくらい
作り方
① ひじきを水で戻す
② 水を切ったひじき
めんつゆ
③ 弱火でじわじわと煮る
汁気がなくなってきたら
④ 火を止め、しょうがを混ぜる
できあがり
一週間程冷蔵保存できる

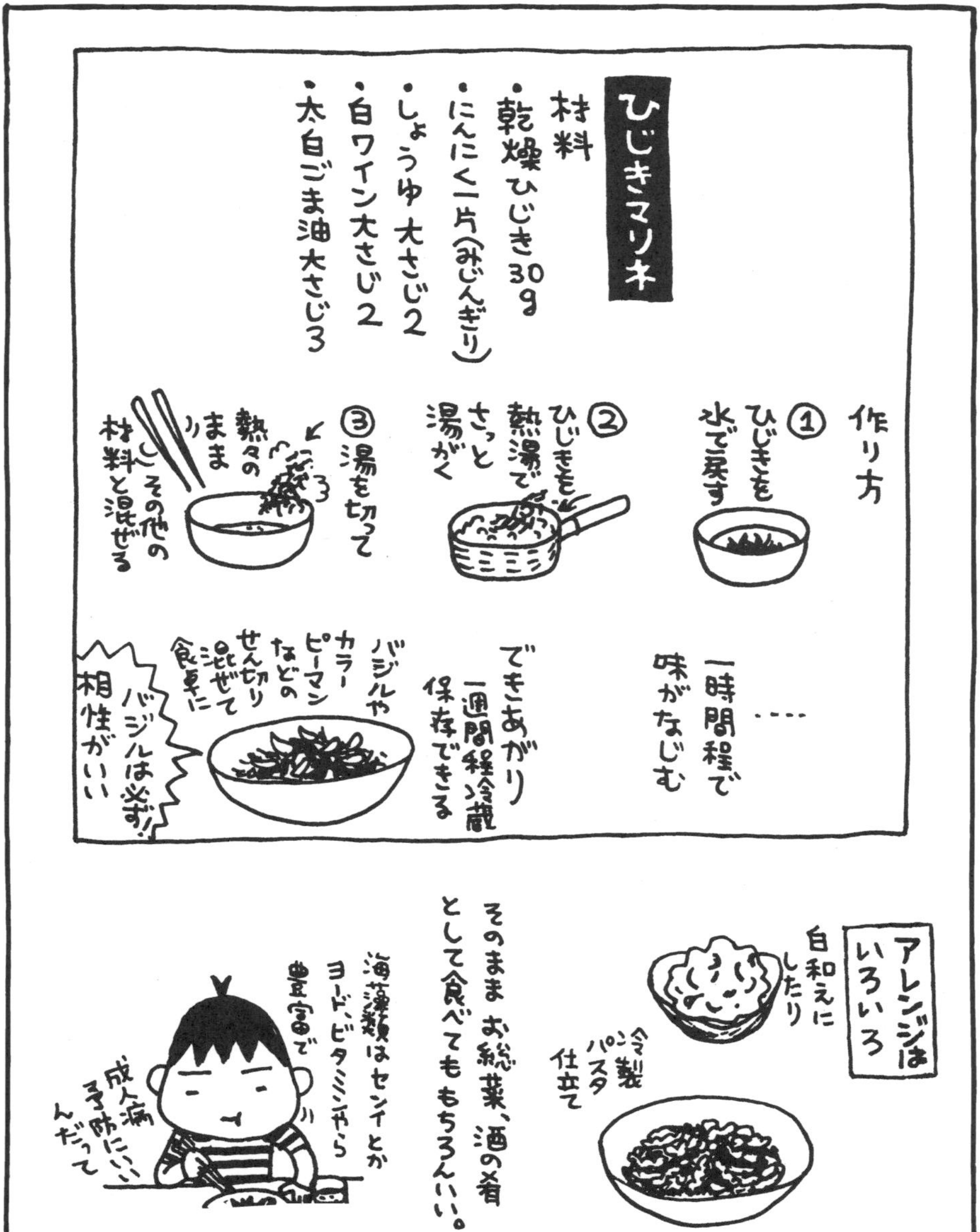
ひじきマリネ
材料
・乾燥ひじき30g
・にんにく一片(みじんぎり)
・しょうゆ大さじ2
・白ワイン大さじ2
・太白ごま油大さじ3
作り方
①ひじきを水で戻す
②ひじきを熱湯でさっと湯がく
③湯を切って
熱々のまま
その他の材料と混ぜる
一時間程で味がなじむ
……
できあがり
一週間程冷蔵保存できる
バジルやカラーピーマンなどのせん切り混ぜて食卓に
バジルは必ず!!
相性がいい
アレンジはいろいろ
白和えにしたり
冷製パスタ仕立て
そのままお総菜、酒の肴として食べてももちろんいい。
海藻類はセンイとかヨード、ビタミンやら豊富で
成人病予防にいいんだって

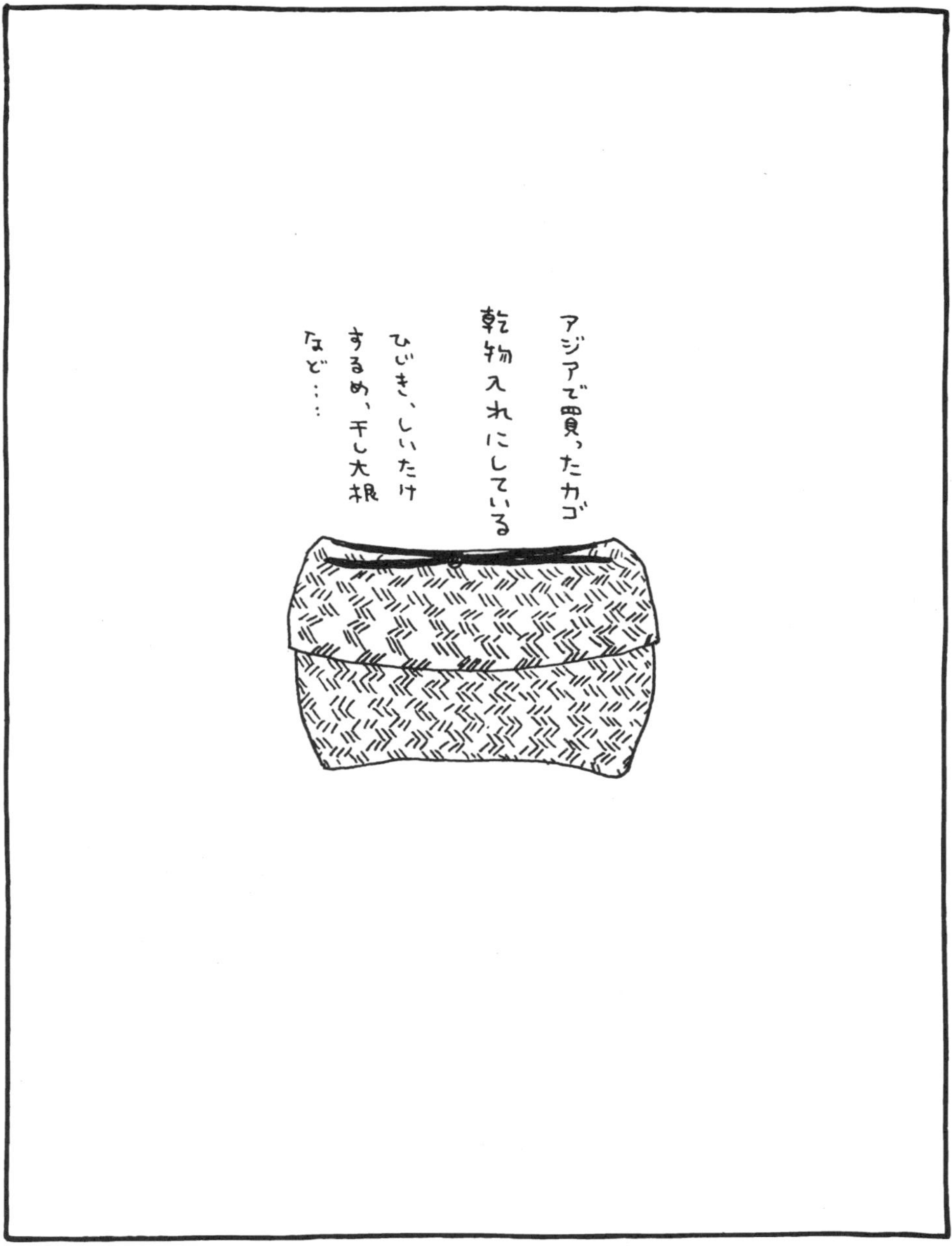
アジアで買ったカゴ
乾物入れにしている
ひじき、しいたけ
するめ、干し大根
など…

料理道場

16

粉とビールだけでできちゃう サクサクの「ビール揚げ」

夏になるとビールやきりっと冷えた白ワイン、発泡酒なんかが欲しくなる。で、そういうスキッとした飲み物には天ぷらとか軽くてサクッとした揚げ物があうんだよね。

天ぷらは好きだけど、あまり家では作らないという人、多いんじゃないかな。手間がかかるし、なかなかうまく揚げられないんだよね。「天ぷら粉」は便利なものだけど、そんなにしょっちゅう揚げ物しない家だともてあましそう。

で、おつまみに軽い揚げ物、というときは簡単な「ビール揚げ」にする。粉とビールだけでサクサクの衣ができちゃう。これ、イタリアのフリットみたいなもの。

作る段取りは、まず夕暮れどきに、缶ビールをプシュッと開けて、グラスに注いでグビッ！　プハ〜。

それから缶に残ったビールで衣を作る。季節の野菜や魚介を適当な大きさに切って、からめて揚げる。茄子、空豆、イカ、キス等……。

で、サクリと揚がったそれをつまみにまたグビリ。んん、うまい。

〈ビール揚げ〉

とりあえず食前のカンパイなどして
カンパーイ
カンパーイ
ウィッスカンパイ
さてパパッと揚げますか
オリーブとか ピクルスなど
つまみ

材料
- 強力粉 1カップ
- ビール 1カップ
- 旬の魚介・野菜
  （天ぷらに向くような素材をてきとうに）
- 揚げ油・塩

作り方
① 強力粉とビールを混ぜる
天ぷらのように時間や温度は気にしない
20分位おいた方がなじむみたい
② てきとうに切った素材に各々粉を(分量外)はたき
ビール液につけて
③ 揚げる
油に匂いがつくので魚介より野菜が先
いっぺんに入れるとくっつくよ
できあがり
塩ふるか添えて
天ぷらよりも小ぶりな一口サイズにしてサクサク感をたのしむ
茄子 たて八つ切り
ズッキーニでやっても
うす皮むいた空豆
ヤリイカ わ切り
タコもいいな
ピーマンやキノコ類…
ワカサギや雑魚 そのままで
アクセントになる
バジルとかシソの葉
揚げる温度の目安は菜ばしをつっこんで泡がプツプツ浮けばいいかんじ(やや低め)
素材によって高温にしたり、調節
なかなか見極められないんだけど
うっ

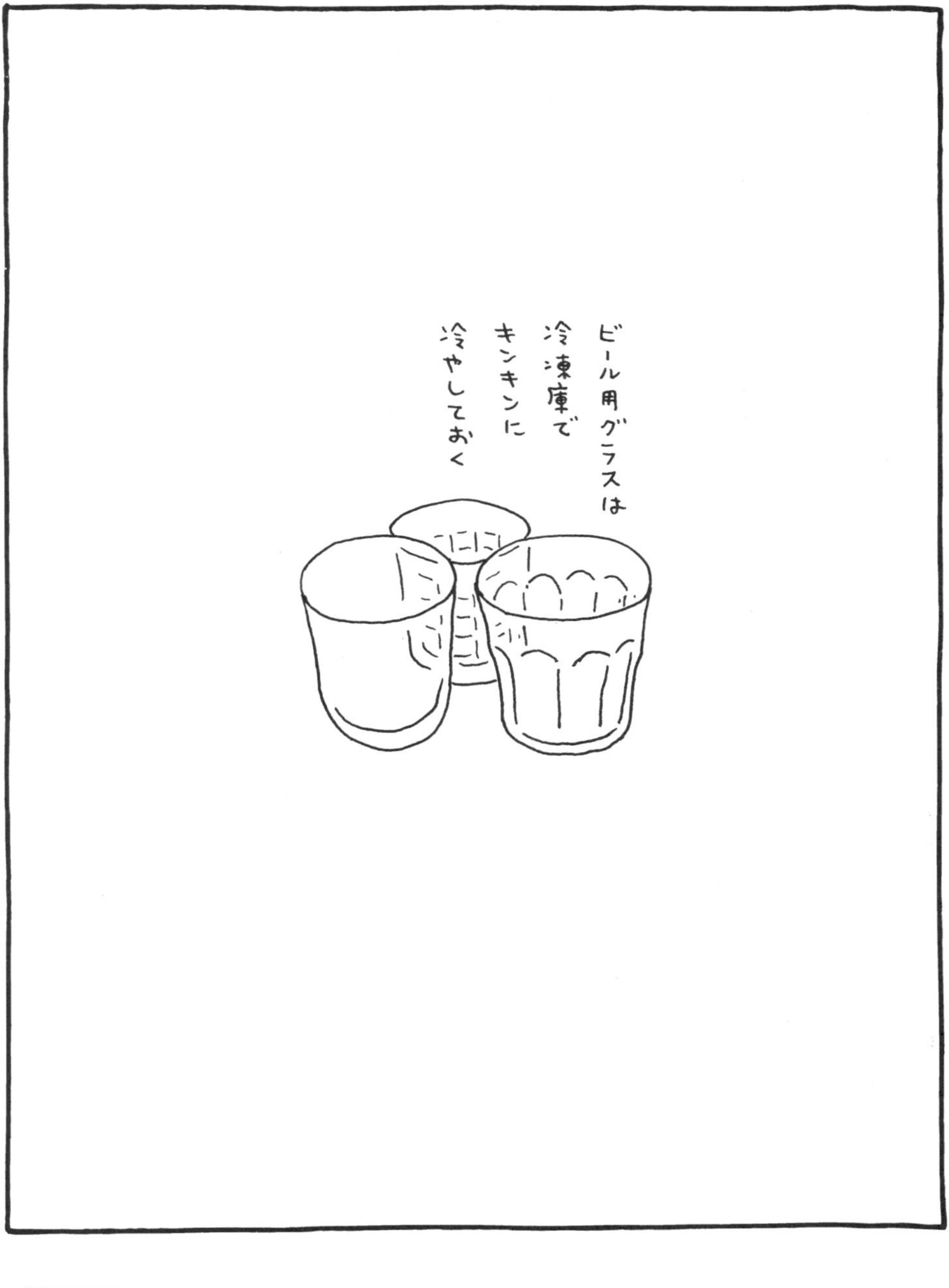
ビール用グラスは
冷凍庫で
キンキンに
冷やしておく

料理道場 17

夏野菜の力でカラダがしゃんとするカレーなのだ

夏のカレーはうまい。一年中おいしいんだけどあの辛さと爽快感、暑さを吹っ飛ばすような気がする。一口にカレーといってもいろいろあるんだけどね。

お母さんのカレー、キャンプのカレー、そば屋のカレー、サービスエリアのカレー……。いつでもどこでも肉が少なくっても汁っぽくても、カレーってなんとなくおいしく食べられちゃうんだよね、エライ。

庶民的なカレーもいいけれど、本格高級カレーも魅力的。資生堂パーラーには1万円のカレーがあるらしい。どんなものか興味ある。

カレーに凝っている友人は、1週間かけてスパイスを調合し、炒め、煮込む。これは絶品。キーマ、ほうれん草、豆、エビみそ！　バリエーションの多彩さもカレーの妙。

で、うちではうちならではのカレーを。とにかく手間のかかることが苦手なので材料は3品のみ、玉ネギ、ナス、トマト。シンプルだけど夏野菜の力がギュッと詰まっていてカラダがしゃんとするカレーなのだ。

〈夏野菜のカレー〉

材料

- 玉ネギ3コ
- ナス2本
- 完熟トマト1コ
- 油1/4カップ
- カレー粉大さじ2
- しお小さじ1 1/2

カレー粉って
メーカーによって
ずいぶん
風味が
ちがう

うちのスタンダードは
エスビーのカレー粉

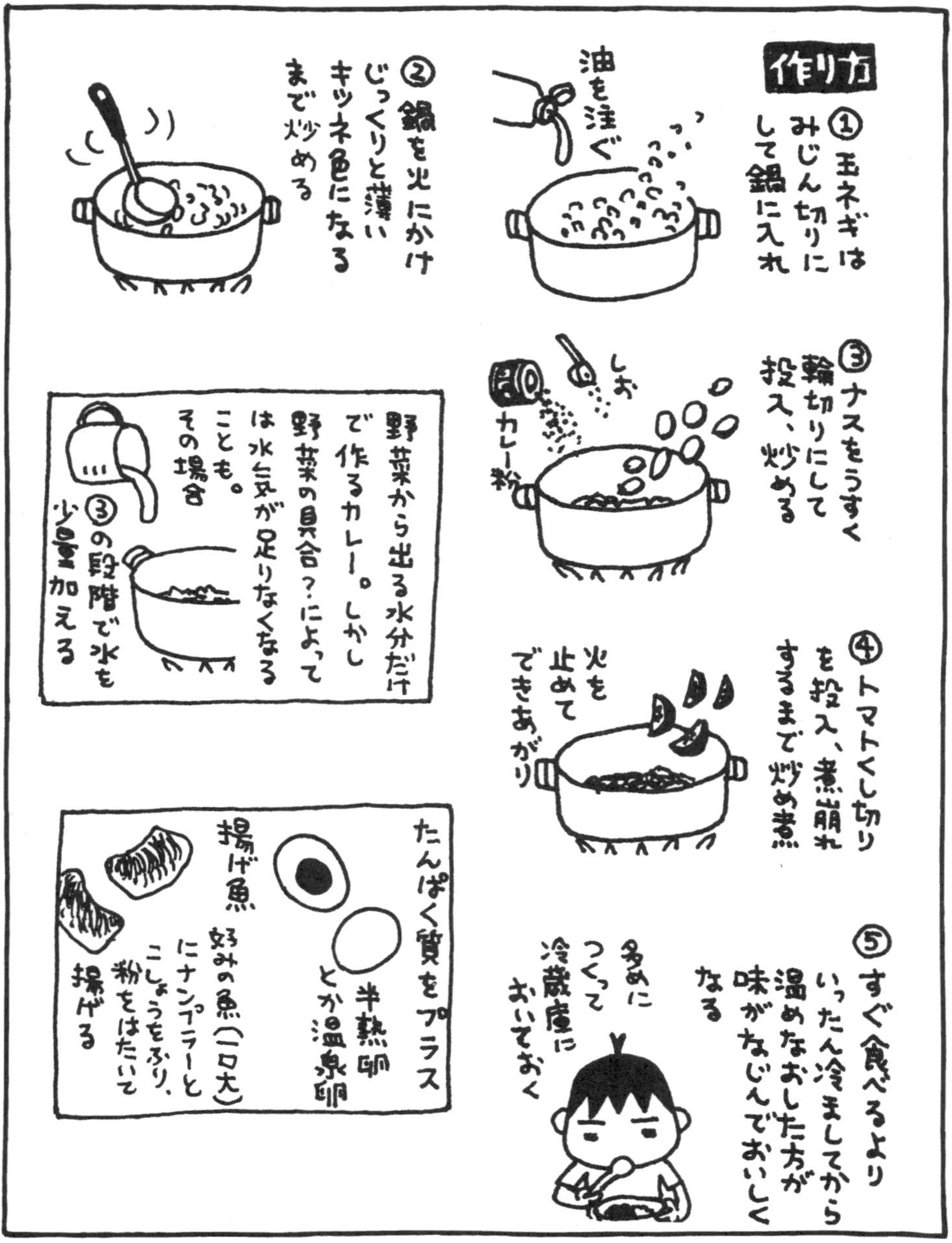
作り方
①玉ネギはみじん切りにして鍋に入れ
油を注ぐ
②鍋を火にかけじっくりと薄いキツネ色になるまで炒める
③ナスをうすく輪切りにして投入、炒める
しお
カレー粉
野菜から出る水分だけで作るカレー。しかし野菜の具合?によっては水気が足りなくなることも。その場合③の段階で水を少量加える
④トマトくし切りを投入、煮崩れするまで炒め煮
火を止めてできあがり
たんぱく質をプラス
半熟卵とか温泉卵
揚げ魚
好みの魚(一口大)にナンプラーとこしょうをふり、粉をはたいて揚げる
⑤すぐ食べるよりいったん冷ましてから温めなおした方が味がなじんでおいしくなる
多めにつくって冷蔵庫においておく

スパイス調合から
カレー作り……
チャレンジして
みたいですね

料理道場 18

春巻き観をくつがえした「ニシオギ」に敬意を表して…

中華風惣菜でポピュラーな「春巻き」。あれ、揚げたてとかはパリッ、トロ〜、アッツッツ……。で、うまいと思う。けれどいっぱい食べられないじゃない。あのとろみのついた具にボリュームあって。ううん、わたしはビール好きだからつまみは軽いものがいいんです。というか、春巻きってごはんのおかずとしても中途半端じゃない？

作るのもちょっと面倒くさい。具を切って炒めてとろみをつけて冷ましてそれから皮で包んで揚げて⁇とにかく手間嫌いなもので。

でも、数年前、わたし好みの春巻きを見つけたんです。西荻窪（住民だった）の駅前の肉屋の総菜部で。

具にとろみつけていない春巻き。具材を細切りにしてそのまま春巻きの皮でくるんで揚げたもの。パリパリで具は軽めでジューシーでつまみにぴったり。これならうちでも手軽に作れる！

自己流の作り方ですが、西荻窪に敬意を表して「ニシオギ春巻き」と呼んでいます。

〈ニシオギ春巻き〉

材料

・春巻きの皮10枚
・ブタバラうすぎり3枚くらい
・しいたけ1、2個
・にら5、6本
・ねぎ半本
・大葉10枚
・小麦粉少々
・揚げ油てきとう

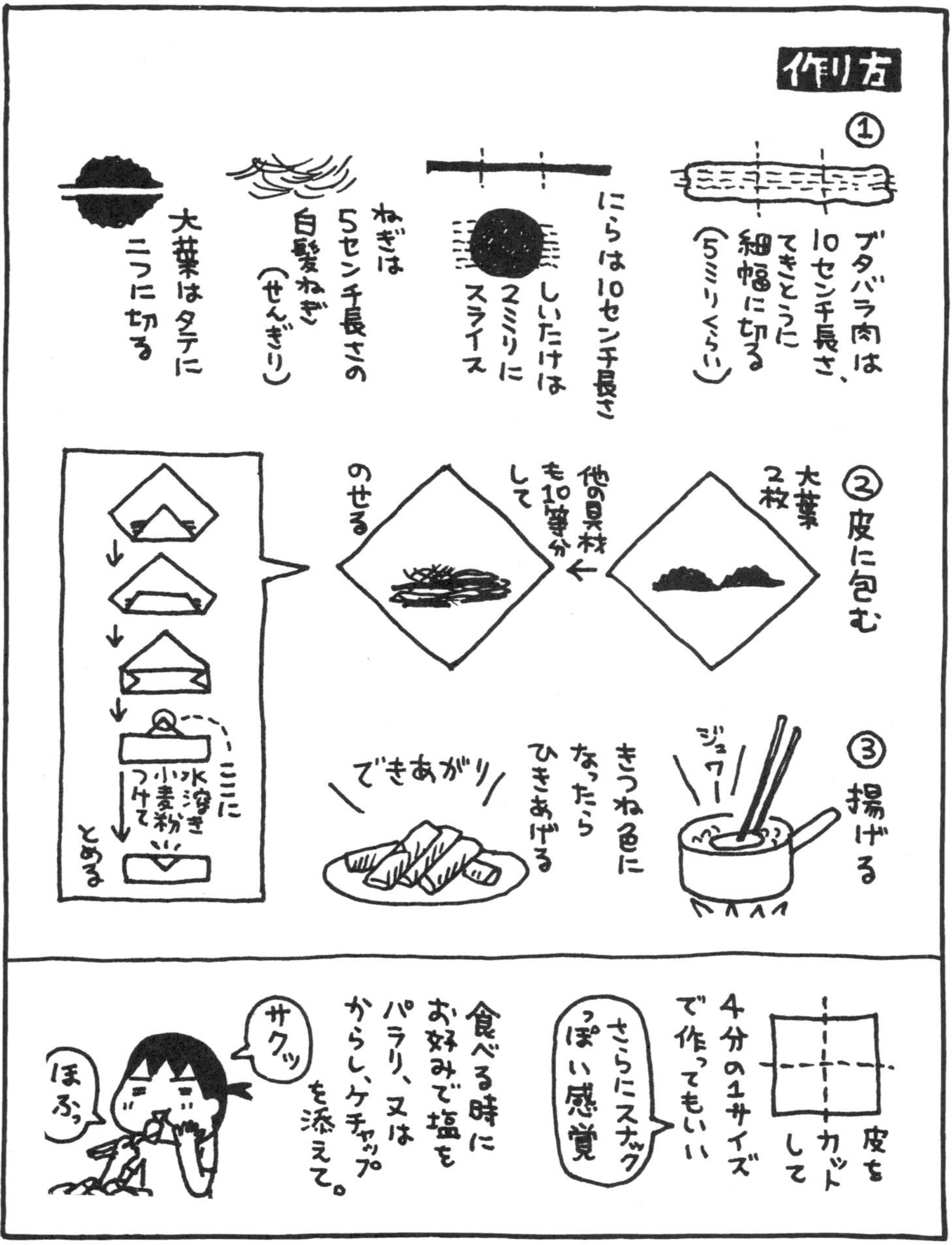
作り方
①
ブタバラ肉は10センチ長さ、てきとうに細幅に切る
（5ミリくらい）
にらは10センチ長さ
しいたけは2ミリにスライス
ねぎは5センチ長さの白髪ねぎ（せんぎり）
大葉はタテに二つに切る
② 皮に包む
大葉2枚
他の具材も10等分して
のせる
ここに水溶き小麦粉つけて
とめる
③ 揚げる
ジュワー
きつね色になったらひきあげる
できあがり
皮をカットして
4分の1サイズで作ってもいい
さらにスナックっぽい感覚
食べる時にお好みで塩をパラリ、又はからし、ケチャップを添えて。
サクッ
ほふっ

揚げもの、よくやります
大きいサイズの油
は揚げもの用
(一六〇〇ml)
純正
金白胡麻油
九鬼

料理道場 19

脱水シートで作る自家製パンチェッタがうまい

うちで肉、魚料理の下ごしらえに活躍しているのが脱水シート。例えば魚をさばいた後、これに1〜2時間挟んでおく。それだけで刺し身にしても煮焼きするにしても、身が締まって扱いやすいし、うまみも凝縮する。さらにそのまま挟みっぱなしで2〜3日置くと簡単干物ができる（そりゃあ、天日干しには劣るでしょうが都心暮らしのわたしとしては排ガス充満の空気にさらすより衛生的でうまい作り方だと思うんですよ）。

最近、定期的に脱水シートで作るのはパンチェッタ。イタリアの生ベーコン。カルボナーラにはこれを使うのが正式なのだ。買うとけっこういいお値段するんだけれど、自分で作れば、必要な材料は安価な豚バラ肉ブロックと脱水シートのみ。作業もいたって簡単。脱水をこまめにするだけで2週間でできあがり。肉の熟成した香りがたまりません。10日くらいもつし。カルボナーラもいいけれど、もっぱらシンプルに野菜炒めに使っています。

〈パンチェッタ〉
材料
・豚バラ肉ブロック 500g
・しお、コショウ
カリカリに焼くとうまい
できた脂で野菜も焼く!
立派な一品!
ジュワ
ジュワ
作り方
① 肉にしおひとにぎりすりこむ
大さじ1〜2くらい
② ビニール袋に密封して冷蔵庫で二日間ねかせる
③ 水分をふきとってコショウも全体にまぶす
びっちりじゃなくていい
④ 脱水シートに包む
⑤ ビニール袋にくるんで冷蔵庫に入れる
⑥ シートに水分がたまるので、二、三日毎にシートをかえる
肉が赤味をおびて熟成したら(三週間くらい)完成!

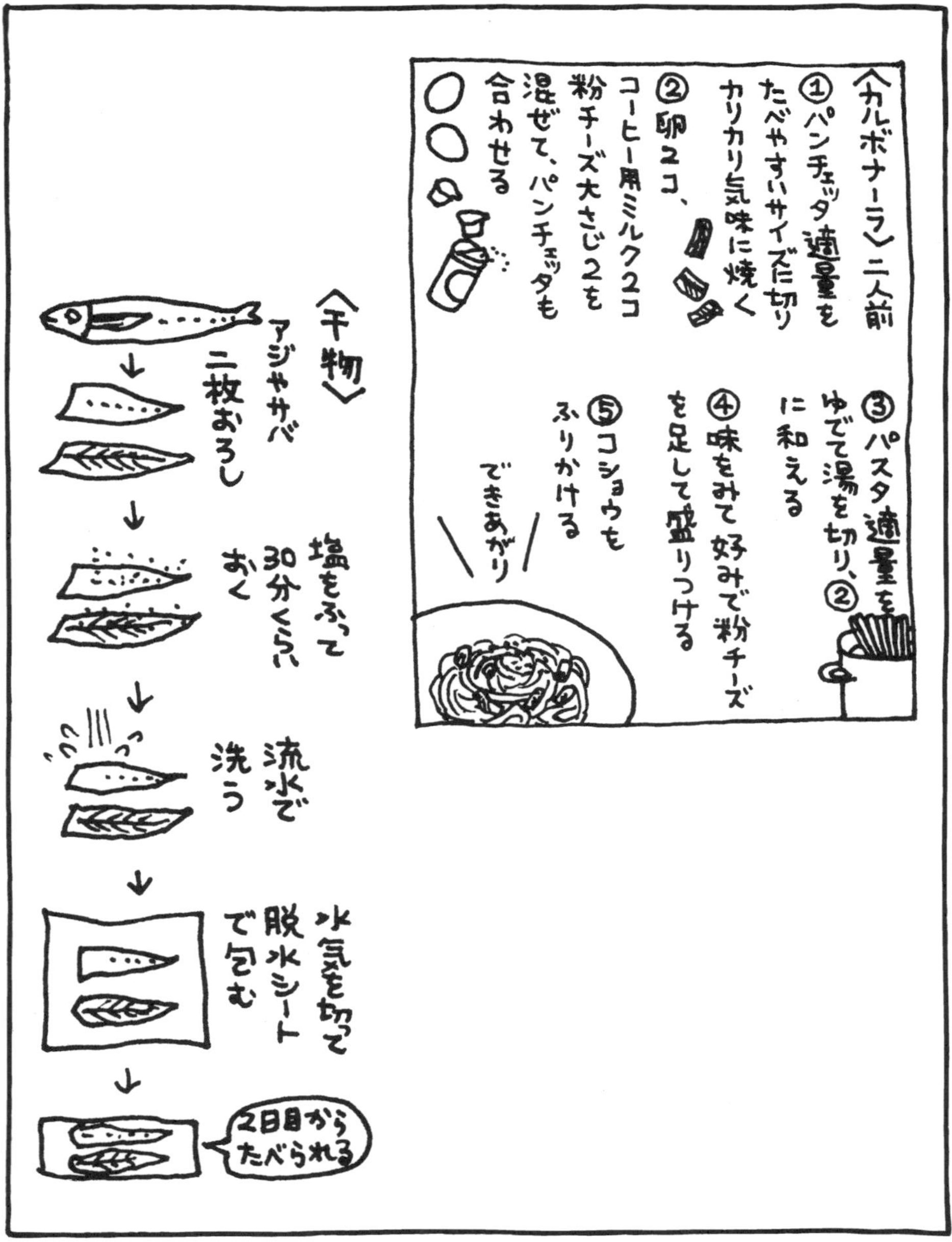
〈カルボナーラ〉二人前
①パンチェッタ適量を
たべやすいサイズに切り
カリカリ気味に焼く
②卵2コ、
コーヒー用ミルク2コ
粉チーズ大さじ2を
混ぜて、パンチェッタも
合わせる
③パスタ適量を
ゆでて湯を切り、②
に和える
④味をみて好みで粉チーズ
を足して盛りつける
⑤コショウも
ふりかける
できあがり
〈干物〉
アジやサバ
二枚おろし
塩をふって
30分くらい
おく
流水で
洗う
水気を切って
脱水シート
で包む
2日目から
たべられる

コショーひきの
歯は自動車で
有名なプジョー
製！
NO17
PEUGEOT
FRANCE
PEUGEOT

料理道場 20

大人のポテサラはキリリほんのりピンク色

友人が北海道土産にじゃがいもを届けてくれた。じゃがいも料理はいろいろあるけどね、久しぶりにポテトサラダを作ろう。

ポテトサラダ、子供のときは大好きだったなあ。レストランなどに行くと、ハンバーグの付け合わせとかでアイスクリームみたいに半球形にお皿に添えてあって。マヨネーズ味でなめらか。

大人になるとそんなに率先して食べたいものじゃなくなるんだけれど、あれば食べるしおいしいと思う。

しかも、酒のつまみにポテトサラダ、いける。んん、なぜだろう。居酒屋にも必ず置いてある気がする。あのやわらかいマヨネーズ味の炭水化物（こう書くとまずそう……）、酒飲みの味覚とおなかに優しいんだな、たぶん。

自分で作るときはちょっと変わりポテトサラダにする。アンチョビで味つけして、合わせる野菜はセロリと玉ねぎでキリリと。コショウも利かせて。ほんのりピンク色の大人のポテサラです。

〈ポテトサラダ〉

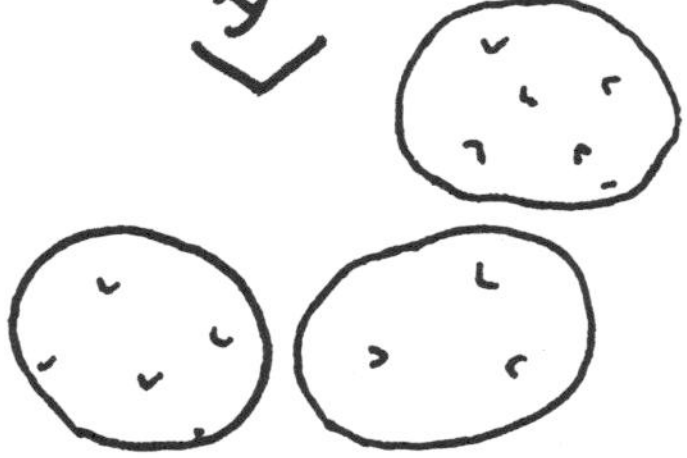

キタアカリ

【材料】

- ジャガイモ 4、5個
- 玉ねぎ 1/4個
- セロリ 1本
- アンチョビ 5、6片
- マヨネーズ
- オリーブオイル
- レモン
- しお
- コショウ

（マヨネーズ〜コショウ）てきとう

- ピンクペッパー（飾り用）十数粒

作り方
①ジャガイモは皮をむいて八等分にして茹でる
②しっかり火が通ったら湯をこぼす
③火の上で水分をとばし、ナベをゆすり粉ふきイモにする
④熱いうちにアンチョビを加え
フォークなどでつぶしながら混ぜる
（わたしは粗めにつぶす）
⑤軟らかさ、味を調える
マヨネーズベースで
酸味はレモン
風味なめらかさプラス
オリーブオイル
しお
⑥玉ねぎはうすくスライス
セロリはうすく小口切り
うすい塩水にさらす
⑦野菜の水気をよく切って
冷めたポテトと和える
コショウも加える
⑧ピンクペッパーちらす
実はく……あまり好きじゃないんだけどー彩りね
出来上がり
ワインにも合うと思いますよ
もっとシンプルに
〈大人のふかしイモ〉
あつっ
つっつっ
皮つきでふかしたジャガイモ
酒盗とバターをちょんとのっけて好きです。
日本酒

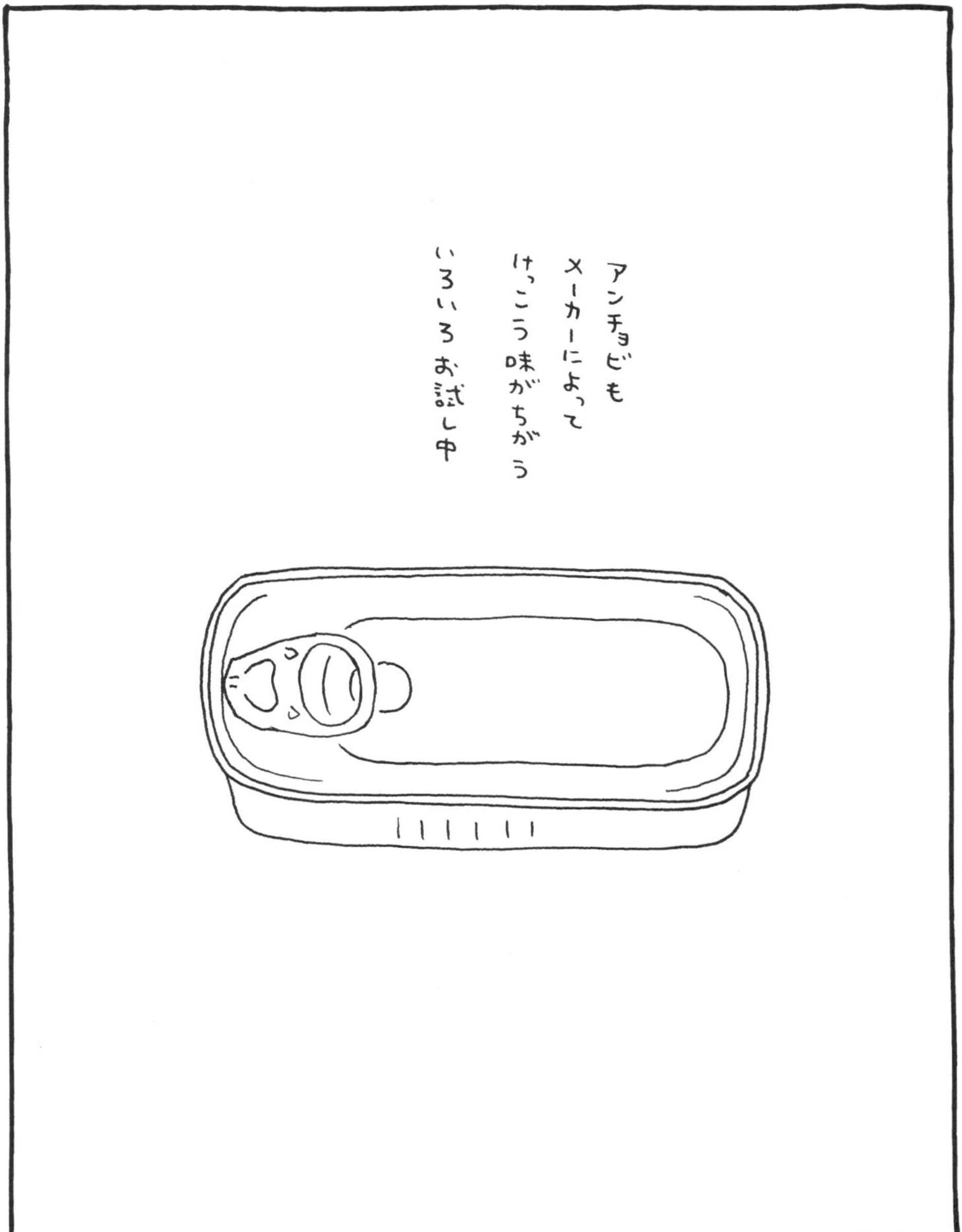
アンチョビも
メーカーによって
けっこう味がちがう
いろいろお試し中

エビすり身パリパリの得意技、アジア風揚げパン

東南アジア系レストランに行くと、たいていメニューにあるシュリンプトースト。食パンにエビすり身をはさんで揚げたスナック感覚の一品で、エビのプリプリ感とパンのサクサク感、ナンプラーの香りがビールに合うのでよく注文する。好き。でもこれ、食パンが揚げ油を吸って相当カロリー高そう。揚げ方が下手だと油浸しで食べられたものじゃない。

で、うちでつくるときはフランスパンで作る。カナッペのように片面にエビすり身を塗りつけ、そっち側だけ揚げるのだ。パンは焼き立てのパリパリを使う。エビすり身が香ばしい。

妹がこれ大好きで、よく「揚げパン食べたい」とリクエストされる。作り方教えるのに、「セイちゃん（わたし）に作ってもらうほうがおいしい」なんてのたまう。でも、このエビすり身、揚げ春巻きの具にしたり、そのまま成形してタイ風さつま揚げに、団子にしてゆでてベトナム汁麺に浮かべて。けっこうバリエーションつくれて便利で使える。

〈アジア風揚げパン〉

【材料】

- 豚ひき肉 200グラム
- エビむきみ 150グラム
- 玉ねぎ 1/4コ
- にんにく1片 （みじん切り）
- ナンプラー大さじ1
- フランスパン てきとう
- チリソース てきとう
- 揚げ油 てきとう

作り方
① エビはねっとりするまで細かく包丁でたたく
ミキサーつかってもいいと思う
② ひき肉、エビ、にんにく、玉ねぎ、ナンプラーを混ぜ合わす
粘りがでて一体化
③ フランスパンは半分に切る
④ パンにチリソースをちょっとぬる
辛いのがいやならなし
パンは細いものか小さいものがいい
⑤ 肉すり身をうすくぬる
厚くすると揚げる時間がかかる
⑥ 肉の面だけ揚げる
トングがつかみやすい
できあがり
うまいっス
もう1っこいいって?
おいしい
これも人気ですが
これらも同じ具で作っているとは思うまい
ライスペーパーで包んだ小さなパリパリ揚げ春巻き
小判形プリプリさつま揚げパクチー入り
香草たっぷり鶏スープの汁めんつみれ団子トッピング

おいしいフランスパンのある
お店が近所にあるのは
しあわせ。

さて、と
なにを
作りま
しょうか

MENU

ムニュ

オオタガキ セイコ
特製レシピ集

● ごはん会メニュー7品 ●

オオタガキ セイコ の

ごはんレシピ

おうちでごはん、たとえばこんな献立でいかがですか。

● MENU（ムニュ）●

おつまみエビパン
レバーしょうゆづけ
たたきキュウリ
サカナ蒸し煮
ペキンスブタ
豆ごはん
ヨーグルトマーマレード添え

手順もカンタンで好評だったもので構成してみました。材料は4人分…のつもりですが、ウチでは10人分とかもザラなのでビミョーな配分がわかりません。味付けも実際計りながらやったりしないので、その辺の塩梅はお好みで加減して下さい。

下ごしらえしておけばちゃっちゃと作業できると思います。

まあ、なにはともあれ、楽しんでごはん会して下されば。
晴

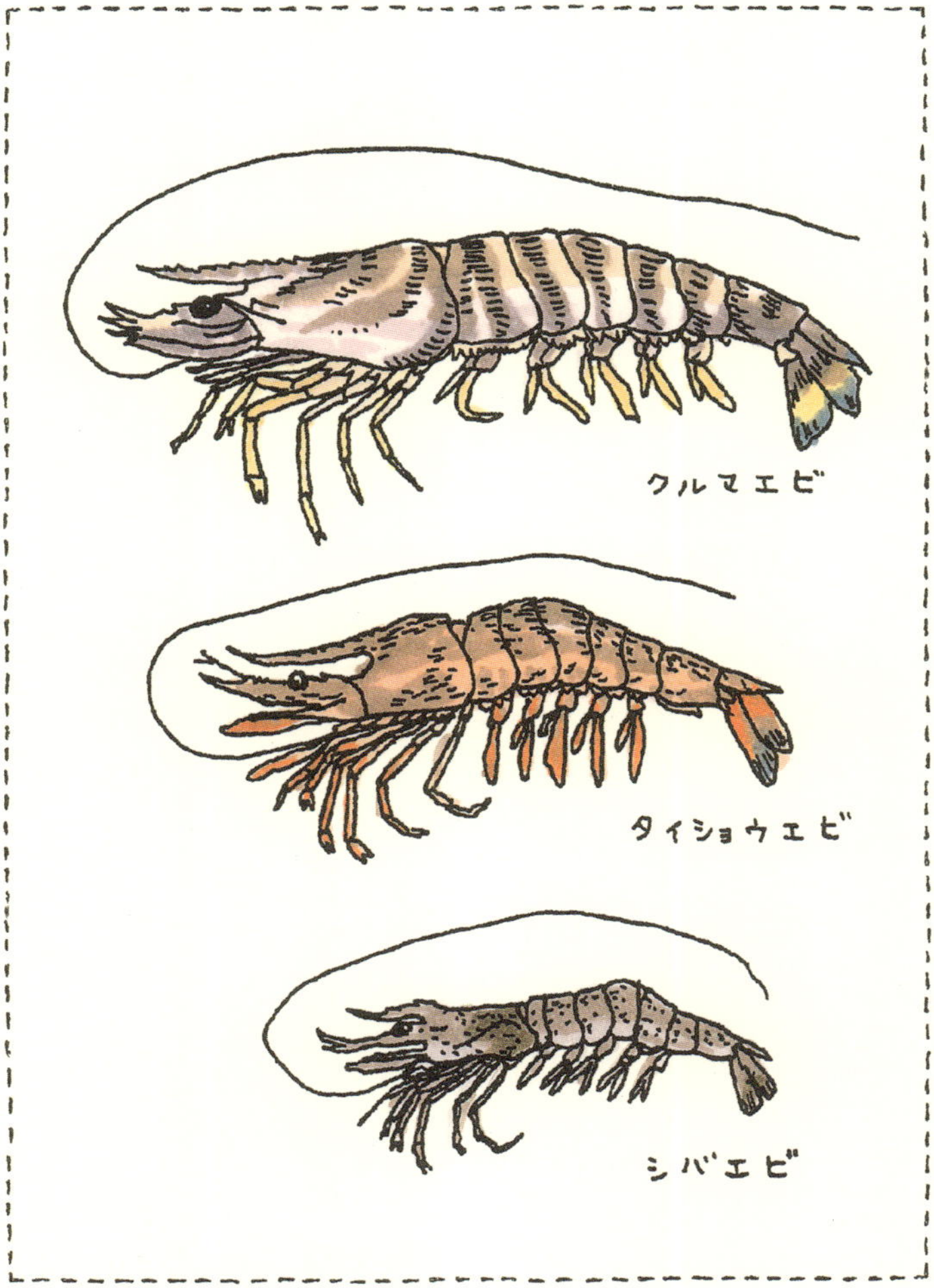
クルマエビ
タイショウエビ
シバエビ

●おつまみエビパン●
材料
むきエビ150g・豚ひき300g
玉ネギ1/3個・にんにく1片
ナンプラー大さじ1・砂糖ひとつまみ
フランスパンてきとう
揚げ油てきとう
① むきエビは包丁で細かくたたく
玉ネギ、にんにくもみじん切りにする
② エビ、ひき肉、玉ねぎ、にんにく、調味料類をよく混ぜ合わせる（ねばりがでるまで）
③ フランスパンは
1センチ弱のスライスにする
ひき肉ペーストを片面にぬり、
うすめにぬる
④ ペースト面を下にして
サクッと揚げる
ビールのおつまみに
香菜をきざんで混ぜたりパンにチリソースぬりつけておいたり
バリエーション有り
あぐー
たて半分にパンを切って作ることもある

中国の
豚のぬいぐるみ
というかお守り？
ブタは 食べ物に困らない象徴 なのだって

●レバーしょうゆづけ●

材料
豚レバー 400g
しょうゆ 1/4カップ・酒 1/4カップ
八角 1つ・しょうが 1片

① レバーは三等分にして

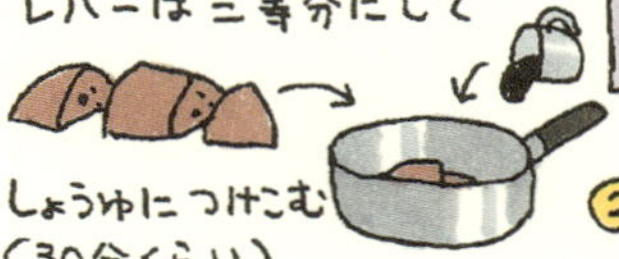

しょうゆにつけこむ
（30分くらい）

② 酒、八角、しょうがうす切り
を加えて 火に かける

煮たったら
ごく弱火

③ 40分ほどかけて じっくり煮る
（水分がへったら水をそのつど足す）

そのまま冷ぞう庫で
二週間ほど保存できる

たべるときはスライス
して からしを
そえる

保存できる食べ物って ちょこちょこ作っておきます。
このレバーづけは定番で、以前はシナモンで煮ていました。

八角の方がエスニックな香り

お客さんがきたときのつき出しに。
自分は朝食に毎日 2、3切れ
いただきます。

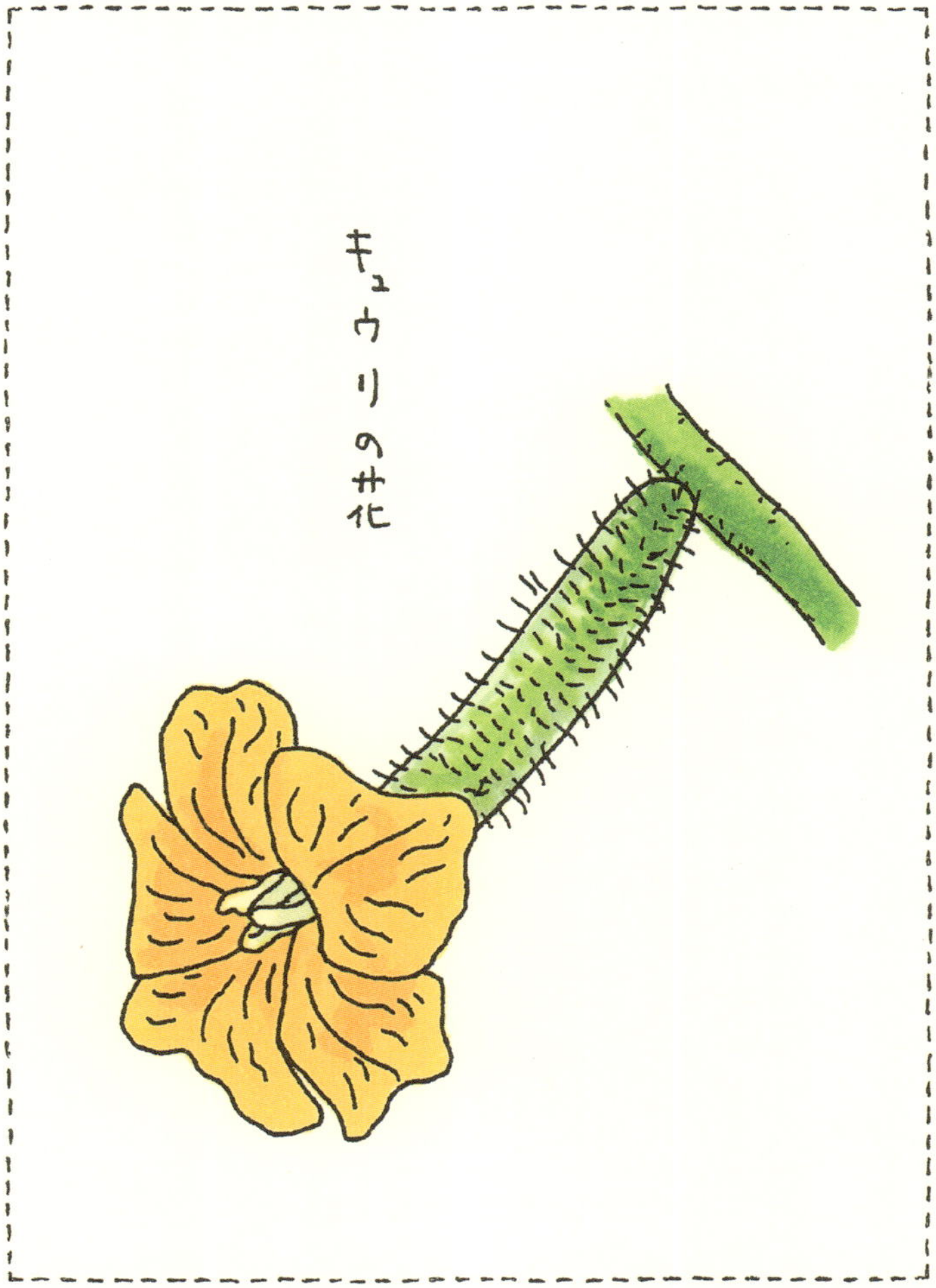
キュウリの花

たたきキュウリ
材料
キュウリ3本・ホタテ貝柱3つ
しお、ごま油、白ごま てきとう
① キュウリは割れるほどたたいて包丁でたべやすいサイズにととのえる
② ホタテはタテにわるように裂く
③ しお、ごま油で和えて、
ごまもふりまぜる
できあがり
カンタンすぎ
ホタテなしでもおいしいですよ
ちょっとゴーカにみえるからホタテ
もうひとつ かんたんキュウリレシピ
材料
キュウリ2本
タクアン6センチ分
大葉5枚
白ごまてきとう
① キュウリとタクアンは大きさをそろえてせんぎり
大葉も細くせんぎり
② キュウリとタクアンを和える
(キュウリしんなりとする)
大葉も混ぜ、白ゴマをかける
味うすければしょうゆポトリ
実家で母がよく作った一品です

きんめだい

●サカナ蒸し煮●

材料

金目ダイとか タチウオ切り身 4つ
シーユーカオ 大さじ2・酒大さじ2
しょうが 2片 長ねぎ 1本
香菜てきとう、こしょう

① しょうがと
長ねぎは
せん切りにする

② しょうが、ねぎの半量をナベにしき、
その上に切り身を並べ、
さらにその上にのこりのしょうが、ねぎ
をかける

調味料類をふりかける

③ ナベを火にかける
フタをして火を通す

④ 皿に盛り、香菜をかざる

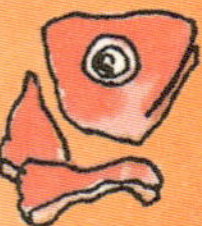

本当は蒸し器で作る
料理らしい
ウチでは安いアラ
などで作る
シーユーカオは
タイのうす甘い
しょうゆです

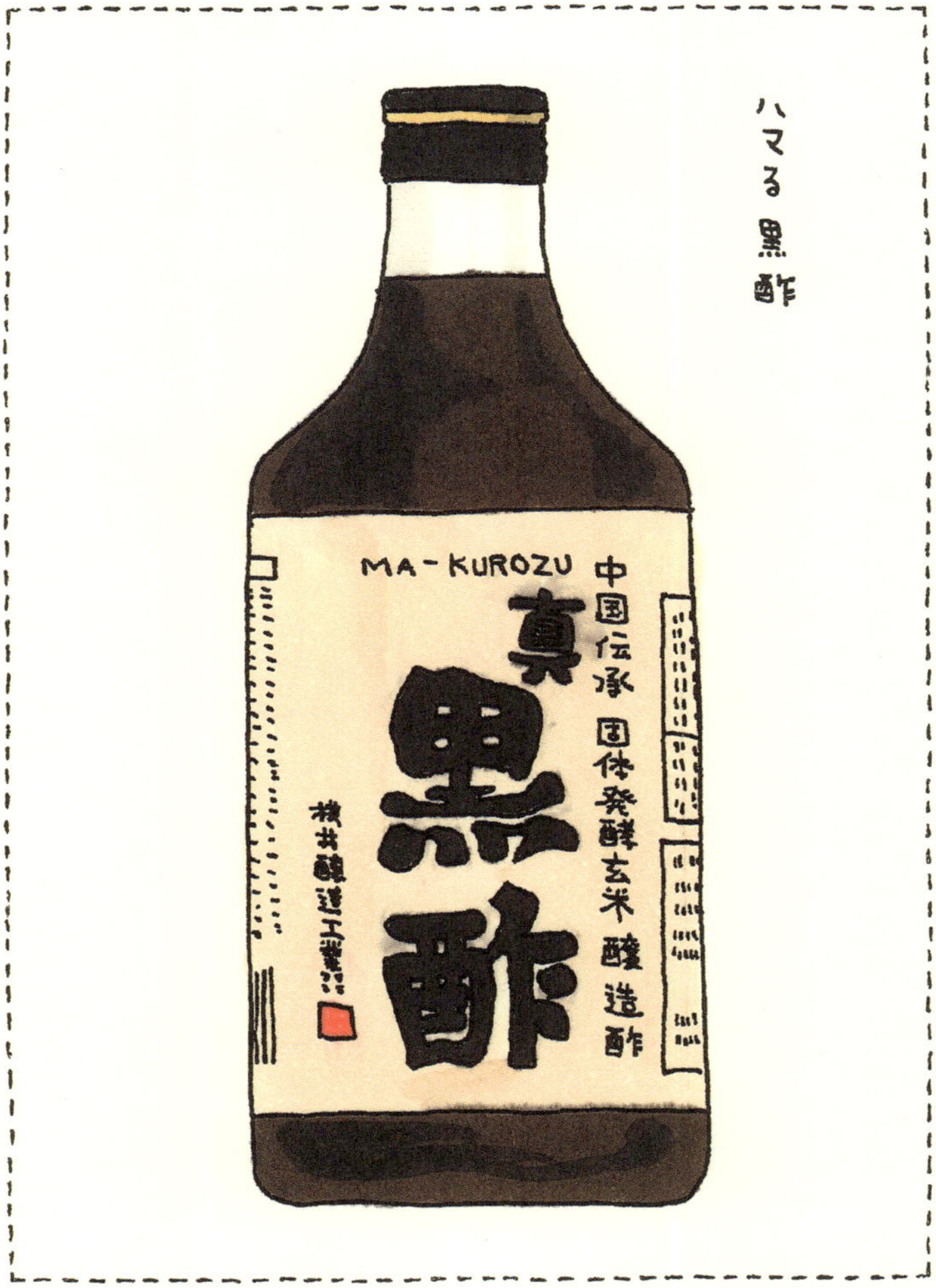
ハマる黒酢
MA-KUROZU
真黒酢
中国伝承 固体発酵玄米 醸造酢

●ペキンスブタ●

材料

豚ロース 300g・片くり粉（てきとう）

Ⓐ 酒大さじ1・しおひとつまみ
コショウ

Ⓑ 黒酢カップ1/4・砂糖大さじ2
しお小さじ1弱・酒大さじ2

揚げ油（てきとう）・ねぎ1/2本

① 豚肉は一口大に切り、Ⓐと合わせもみこむ

20、30分おく

② 肉に片くり粉をまぶして

③ 色よく揚げる

肉をとりだす

油をあける

④ ナベにⒷを入れ、煮たったら

肉を戻し入れる

⑤ 煮つまってテリがでたらできあがり

白髪ねぎを天盛りにする

スブタというと
ニンジンやタマネギ
も一緒のオレンジ色
っぽいものを思いうかべる
けれど、ペキンのそれは
シンプル、肉のみだ。
黒酢がきいていてうまい。

黒酢好き
ギョーザや
スープにも
ぶちこむ

グリーンピース

・豆ごはん・
材料
すきなので
米 2合・グリンピース いっぱい
しお てきとう、酒 少々
① ごはんはふつうに炊く
炊くとき酒少々ふる
② グリンピースはさやから外し、塩をふりまわす
けっこうたっぷり
(色よくなるため)
③ ごはんが炊けるタイミングでグリンピースをゆでる
しおごと湯に投入
④ ごはんにグリンピース、しお少々を入れしゃもじでザックリと混ぜる
豆むいている時間ってのんびりしていてすき
おっせつ子ちゃんだ！
できあがり

母がむいて
くれました

●マーマレード●
材料
甘夏 4個・砂糖300g
レモン汁 半個分
① 甘夏は皮をむき
2個分!
皮は白いわたを切りとる
(残り2個は使わない)
せん切りにする
ふっとうした湯でざっとゆがき苦みをとる
果肉をとりだし、砂糖をまぶしつけておく
② 皮と果肉をナベに入れてあくをとりながら弱火で煮る
③ 煮つまってきたらレモン汁を加えもう少し煮つめる
④ あまり固くしないで火からおろすさまして消毒したビンにつめる
できあがり
ヨーグルトやアイスに添えたり混ぜたり。
お湯で溶くと韓国のユズ茶のよう。
ソーダ割りもおいしい。
だからゆるめに作った方が使いやすい

キョウちゃん

キョウちゃん
1
潮干狩り
おうちに帰って
かわい〜っ
ピュッ
晩ごはん
…
うまいぞー
泣くほど?!

キョウちゃん
2
おにぎり
あーん
梅ぼしだ!!
ちゅっぱ〜っっっっ
ママのも梅ぼし
ほら
見ただけなのに
ちゅっぱ〜っ

キョウちゃん
3
ママのつくるドーナッツはサイコー
まっててね
いっぺんにたべるの
んーっ
もったいないくらい
数日後ーー
ん？
ギャーッ
マリモ?!!
キョーちゃんっ

キョウちゃん
4
今朝は自家製ハーブの
オムレツとサラダよ♡
もぐもぐもぐ
んーーん いい香り♡
ガーン!
ケチャップちょーだい!
マヨネーズ!!
オトナの味がわからない人たち…

キョウちゃん
5
タネのんじゃった
ゴクン
おヘソから芽が〜でるよ
ばかだなあ
どーしようっ
どーしよう
モウチョウになるんだよ
ええっ
※どっちもウソ

キョウちゃん
6
カレーライス
大好き〜
暑いときこそカレー!
ママのカレーはうまい!
ねっ
あ
?
オトナのカレーって……
ボッ
あ〜あ

キョウちゃん

7

キョウちゃん

8

キョウちゃん
9
アチチ…
今夜は寄せなべよー
キラーン
さあ、いくよー
はい 魚とってー
うん
それ 煮え゛えてない!!
ハイ
パパはお奉行なのだ
申しわたす〜!!
キョウちゃん
10
ふ〜っ
ケーキのたのしみは
焼いたあとの このシート
こそげてたべる
あまくて
カステラみたーい
生クリームの残りもなめるのも
お行儀わるいわよ
すき

キョウちゃん
11
お、おもい
杵
ちょっとおモチみてー
はーい
あ、ふくらんでる
ぷう〜
あーっハレツしたら〜
プシュ
にゅる〜
もっとはやく言ってよ〜
カラッポのおモチおいしい
べったり
カシュッ

キョウちゃん
12
キョウちゃんパン!!
ぐり
えいえいっ
ぐり
パーン
パーン
ママ…
そっ
パン作りはストレス解消!
は〜っ
なにがあったの?
コワイ…

キョウちゃん ⑬

キョウちゃん ⑭

キョウちゃん

15

キョウちゃん

16

キョウちゃん

17

ママの作った梅シロップ
ジュースにするとおいしいんだ
ゴクゴク ゴク
ぷはっ
あっ梅の実
これ梅酒!!
ぽっ

キョウちゃん

18

梨がいっぱーーい!!
たべきれるかなー
そうね
カプッ
というわけで
今日はトリ肉と梨の炒め物〜
本格中華料理なんです!!
まずそー
へん

キョウちゃん
ヨーイ
19
ドーン!!
わー
がんばれー
あ〜
よしよし
おひるやすみです みなさん
おべんとー
はやいはやい

キョウちゃん
20
ニンジン ジャガイモ 玉ねぎ
よし、今日はシチューね!
やさいBOX
ホワイトシチュー大好き!!
パパはブラウンシチューがいいな
むむっ
お?
あっポトフにしよっかなー
もー
じゃーんけーん

キョウちゃん

21

先生はケーキつくる?
ん?
クリスマス
先生はねーいっつもお店で買っちゃうなー
しかもイブ当日じゃなく
25日はうれのこりセールだから
ふーん
やすいんだよ
うちはママがつくるんだフワフワの
すごーい
うれのこりなんとなくガーン。。
25歳

キョウちゃん

22

めでタイから
鯛
マメに働くように
豆
これは
よろコンブ
喜
おもしろ～い
いやダジャレじゃなくて
日本の心…
キャー

キョウちゃん
23
トシの数だけお豆をたべる
ナットウ
いらなーい
じゃおみそ汁も
とうふもしょうゆも
えっ? えっ?
あとおやつのきなこだんごもいらないね
なんで〜!!
どれも同じお豆さんでできてるから
すききらいはだめ!!
?
え—!?

キョウちゃん
24
ホケキョ
きのうはたのしい
ひなまつりだった
あれ〜
もうかたづけちゃうのお?
つまんな〜い
ふ〜ん
すぐしまわないとお嫁に行きおくれちゃうのよ
キョウちゃんの
そんなに急いで
かたづけないで!!
ガバッ
パパ?!

キョウちゃん
25
春の雨
あ〜あ
桜も散るなあ 花見できないね
でもほら
ニオイがするよ
桜モチできたよー
わーい
花よりダンゴか

キョウちゃん
26
魚の茶葉蒸し
茶葉入り和え物
わーい
お茶のゼリーよ
うーん おいしいけど お茶づくしだと…
あ、新茶もらったんだろ!!
古い茶処分!
ギクッ
体にいいのよ〜

キョウちゃん 27

よし!! 今日は
パパがごはんつくろう!
どうだ!
ネギチャーハン!!
早いうまい!
おいしい〜
サラダとスープでバランスよくねっ
だろ
片付けも
パッパッと
それあ〜っ タワシで洗っちゃだめ〜
ママたいへん?
ガチャガチャ!!

キョウちゃん 28

↑バナナ!!

キョウちゃんはね♪
バナナが大好き♪
ホントはね♪
だけど♪
ママおやつ〜
ってあったよ〜
ハイ
ケーキも♪
大好きうれしいな♪
バナナケーキだ!!
よかったねキョウちゃん♪

キョウちゃん
29
あちー
おフロあがり
ごはんよーー
ポタージュスープ
あっあっ？
ガーン
ビックリ初体験…
あ
つめたくてうまい!!
ビシソワーズよ

キョウちゃん
30
河原へピクニック
釣るぞーー
わくわく
バーベキュー
ママーなにつくってるのーー？
たのしそうだなあ
……
これマシュマロ？
やくとおいしいのよー

キョウちゃん
31

キョウちゃん
32

キョウちゃん 33

あっママ
ケーキだ!!
お家型ケーキよ
しかくなのに?!
こーやって
切って
ホラ!
デコレーションして
あっ
ホントだ!!

キョウちゃん 34

お煮しめもうあきたー
うんうん
いっぱい作ったのに〜〜
ん———
よーし
ちらしずし!!
おっゴーカ!
和風カレー!!
うまうま
お煮しめリサイクル!
エヘン!

キョウちゃん
35
ボールの中のチョコ、なめていい?
のこったやつ
ハナ血でるよ!!
ママ
ただいまー
お、なんだ?
チョコクッキー
つくったの
リョウくんにあげるんだ♡
だれだ?! リョウくんって
ブッ
ハナ血
あ、パパ!

キョウちゃん
まだ
つぼみ
36
信州の友だちから
パパみて
おー!
名産だな!
今日はサクラ鍋ね!
サクラ!?
まだ咲いてないよ~
え~?、鍋にするの~?
コレお馬さんなの!?
サクラ肉っていうの

キョウちゃん
37
いただきまーす
ん?
コソ コソ
?なんでかくすの?
そのコはきっとはずかしがりやなんだよ
見られるのがイヤ
カノジョの手作り弁当とか
パパもあった!
ふ〜ん
そ
ふーん
?

キョウちゃん
38
コイのぼり〜
リョウくんち本物のカブトあるんだって
いいな〜
男の子はね、強くなるようにってカブトを飾るのよ
ふ〜ん
でもー
キョウちゃんの方がつよいよ
やーっ
わーん
ないちゃったもん
すみませ〜ん
柏モチつくったのどうぞ
へーキへーキ

キョウちゃん 39

あのね、
リョウくんちのたまごやき
塩味!!
でもおいしいよ
ハム
グリーンピース
うちのは甘いよねーどーして?
んー
それはね
パパが好きだからだー!
ゆずれないぞ!!

キョウちゃん 40

ケロケロケロケロ…
カエルの声がきこえるよ!
カエルって食べられるんだよ
トリ肉みたいだって!
えーーっ
……、
ママー
これ何の肉?
?
トリ唐あげよー

キョウちゃん
41
魚をとったり
かまどを作ったり
はんごう
こんなもんかな
キャンプのパパってカッコイイ……
おこげがうまーいんだぞー
あらあら

キョウちゃん
ヒナンくんれん!
42
えんそく?
ちがうよー
いなァやだ!
非常用リュックの点検!
イザという時のために
ふーん
あれ?今日のカレーレトルト?
賞味期限がそろそろでー
てぬきじゃないのよ〜
あ〜
おやつカンパンたべたよ

キョウちゃん 43

キョウちゃん 44

キョウちゃん 45

キョウちゃん 46

キョウちゃん
47
くちゅん
ゴホ!ゴホ!
またカゼ?
あー
卵ぞうすいよー
おいしー
つめたいくだものたべたいなー
ハイハイ
あと
ロールケーキとねー
食欲あるねー

キョウちゃん
48
春風!!
わっ
おさんぽ?
あら!
菜の花
春だなー
かわいい
おいしそー
えっ
あらっ?!!

キョウちゃん
49
おからで煮るの？タケノコ
あっタケノコ!
たべたいねー
えータケノコおいしくないー
なんで〜
すききらいあると大きくならないよ〜
一週間後ーー
わっ
おっきくなった?!
ねーー?
タケノコたべよう〜
む〜っ

キョウちゃん
50
ピクニック
おにぎりつくらせてーー
おっ
パパもやろうか!
んしょんしょ
あ〜〜
・・・まあいいか
でかっ
個性ってことで
ボロッ

キョウちゃん
51
オトナのチーズ
カマンベールの白いのってカビなの？
え〜っ
ブルーチーズの青いところもカビなんだよ〜
じ、じゃあ
このパンたべられるの？
ギャーッ
ダメダメ〜!!

キョウちゃん
52
キーンとする！
うわっ
ママ特製アイスクリームよ
わ〜い
ん〜〜っ
おいしい〜っ
ママちょびっとしか食べないのね
うん
生クリーム 卵黄 さとう たっぷり
自分でつくっただけに
カロリーすごいんだもん

キョウちゃん
53
夏バテ防止にママ特製カレーよ
いただきまーす!
?
辛!!
パパの舌
あ?!
夏ボケ!!

キョウちゃん
めぐろのサンマ
54
初サンマよー
ん〜〜〜うまいっ
皮のこげめにワタのにがみ・・・
ママ〜ほねとって〜
にがいとこいや〜
あらあら
子供だなあ〜

キョウちゃん
ドコサヘキサエンサン!!
いえた!
55
DHAは脳に効果が——
ふーん
ポリフェノール
カテキン
マグネシウム
サポニン
クエン
え〜と?
何を料理すればいいの?
えー? いつもどおりおいしければいいよー
うん
そうね

キョウちゃん
56
ほらみて! 栗がこんなにいっぱい!
モンブラン!!
渋皮煮!!
……
皮むき
ゆでこぼし
煮含め
うらごし
めんどう〜〜
ママのおかしはサイコ〜!!
よし!!
作るか〜!!

キョウちゃん
57
わーい
クリスマスプディングよー
おいしー
んっ?!
ガチッ
ゆびわ!!
あたり!
あっ
ここにあったんだーよかったー
気をつけろー
ケッコンゆびわ

クイイジっぱり

そば打った

伊豆で手打ちそば体験の店を見つけた。仕事旅で、観光もせず帰るところだったので「ちょいとやってみるか」という気になった。

手打ち
すみませーん おねがいしまーす
同行のカメラマン嬢

そこは温泉街、観光地で客も次々訪れるので、店側も大変手際がよろしい。

手を洗ってそのエプロンとタオルを使ってねー ハイこっちへ来てー

粉の感触って気持ちいい〜

ここで作らせてくれるのは二八そば、一人前百グラム（つまりそば粉八十グラム小麦粉二十グラムの割合で作る）所要時間は三十分ていど。

早い!!

●カンタン！そば打ち●
粉と水を合わせる
固まりになったら
めんぼうでのばす四角くのばす
好みの厚さに生地をたたんで
そば包丁で切るめん、できあがり！
店内で茹でてその場で食させてくれる
チャッチャッ
ハイ、これを切ってねー
要所要所店の人がやってしまうのでラクですが、技術指導としては不親切ですね。
？
できあがり～
伊豆らしく生ワサビ
実は以前自己流でそばを打ってみたことがあったのだが
まずっ
ずずー
そばはそば屋で食うに限るなー
やはり指導を(略式でも)受けないと、手際やコツってわかんないものだと思いました。
またウチで打ってみよう……
チャレンジャー
観光客向けで決して本格指導とはいえないものだと思うけれど、これはこれでけっこう手軽で面白かったです。
わりとうまくできた……
めんは茹で上がりを考えてもっと細切りにするべきだったな……
ずるん

クイイジっぱり 2
鍋かあ〜
寒い夜、何人かとワイワイと
何か食べて行こうかー
何にするー
鍋は？
いいね 鍋！
よし！ 鍋ね!!
というハナシになった時、
ちょっと暗い気持ち
鍋、積極的には好きじゃないんですよ。
せわしないのが苦手ー
奉行
ハイ
ほら エビ煮えた
自分のペースで食べたい
……
かといってダラダラと食べると——
くたくた ぐずぐずで マズソ〜
しゃべるのに夢中
もちろんウマイ鍋もあるんだけど

「鍋」といって イメージされる ←あの魚介いろいろのやつが…。
アクが出る 素材って うまくない んだよね
キタナイし
白菜とかネギ いっぱいだと味が ボケると思いませんか？
鍋っていいよ!!
一鍋で 30品目 野菜 たっぷり 低カロリー
だから どうした !!
というのが わたしの感想。
鍋の良さもわかる。 ひとつの鍋を みんなでワイワイ あったかポカポカ
自分好みの鍋は自分でつくる！
とり団子 鍋仕立て
とりひき肉
玉子 ネギみじん 練って 団子にする。
下ゆで する
ゆで汁 と出汁
合わせて 汁とする
しょうゆ 酒 みりん
ゴボウ ササガキにする
クレソン
たっぷり 用意
煮ながら 食べる
シメは汁ソバ仕立てにして！
これは友人にけっこう好評でした
鍋の具はシンプル なのが好きだ。
「アサリと豆腐だけ」とか 「アラと大根だけ」(こんなの)
…やっぱり冬は鍋、か。

クイイジっぱり 3

カレーの日

昨日、カレーを作った。
時々食べたくなる、カレー。
「今日はカレーだ!」と気合いを入れて作る。
手間ていうか、時間がかかるんだもの。
↑玉ねぎ何コ分もすりおろして
じーっくり炒める(一時間近く)
うっうっ
涙が〜
↓ここまでの作業が……
あとは具材入れて炒め煮込みするだけなんだけどね
カレー作りってハマると奥が深そうで——
毎週末カレー!!
スパイスから調合して!
一週間かけて仕込む!!
キーマだホーレンソー
ナンも手作り!
何というか、ホビー?
男性友人に多い気がする…

本格カレーはたしかにうまい!
でも
「本格」じゃないカレーも充分うまい。
いや、別格にうまいでしょう。
アウトドアで作るごった煮カレー
てきとーなのにおいしく感じる
そば屋の黄色い粉っぽいカレー
場末の食堂、サービスエリアとかどこでもカレーにひどい外れはないでしょう…?
レトルトもあなどれない
具たっぷりカレー
カレーチェーンなも好き
トッピングいろいろ〜
カレーショップ
ああ!だからわたしめったにカレーを作らないのかもしれない。
手間かけずとも、そこにうまいカレーがある!!
自分のカレーも好きだけどさ
カレーって元はインドのものがイギリスで流行し、それが日本に明治時代入ってきたというけれど
今や国民食。日常の食サイクルの中に、「今日はカレー!」と組み込まれている気がする。
資生堂に一万円カレーがあるらしいが(イセエビとか入っているんだって)「カレーなのに?」と思っちゃう。
ハナシのタネに食べてみたいけどねー

クイイジっぱり 4

酒に呑まれる

にごり酒一升のんで久しぶりにひどい二日酔い・・・
うえっ
あ
にごり酒には悪い酒混ざっていることあるからねー
といわれたが、それはちがうと思う。

それはたいへんおいしいにごり酒だった。
悪いのはわたしだ。
思えば――
もろみ酒
焼酎で九州一周! 麦、芋、米どんとこい!!
度を越した量を飲んだあとは――
蔵元の若だんな
うちの酒のみほうだい
いただきまーす!!

二日酔い——
半身ドロドロ（記憶なし…）
？
うっぷ
思考停止、吐き気
一生トイレぐらしかも〜
ううっ〜っ
もう一生酒なんか飲まない〜

自分の体調や許容量をわきまえて飲む、これがなかなかできなくて、本当にお酒がキライになる人も多い。いや、確かに体質的にうけつけない人もいるだろうけれどさ。

ワイン飲むと次の日、残るからダメ〜
体験にもとづいてだろうけど、
日本酒はイヤ〜っ
ぜったい二日酔いになるから

「コレはダメ」って決めちゃっているのって実は飲み方が悪かっただけかもよ？

わたしはたぶん酒、大好きなのだろうな。
まだ二日酔い中
今日のまない？
行く〜〜〜
その夜にはもう苦しみを忘れる
学習していない？

いや、「度」については気をつけている。（だから「にごり」の時はスレぶり）他人の酒についても文句つける気はないですよ。ただ自分のペースを楽しめる人でありたいと、思うのです。

今、気にくわないのは
血液サラサラのためにはショーチューだよ！
健康好きの酒!!
ウンチクうるさい!!

クイイジっぱり 5

豚にトリュフ

高級食材は高級ゆえにめったに庶民の口には入らないものだ。

レストラン、料亭でもうやうやしくちょこっとだけ

キャビア?

どこに入っているかわかんなかったり

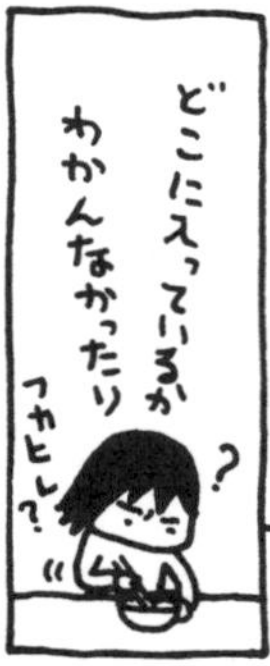
フカヒレ?

「トリュフ」もフランスの高級食材。キノコの一種ですが

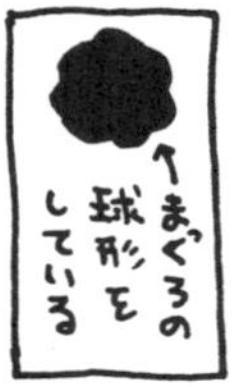
↑まっくろの
球形をしている

ぺらぺら〜
ぽちぽち〜

飾り?という程度にしか使われていないことが多く、あれじゃハッキリ言って味わからないでしょう。

わたしは数年前、フランスでトリュフがもりもり入ったオムレツを食べたことがある。

フワ〜っと
香りが立つ

食べた感想は――
パクッ
う、うまい〜!
こ、これは…
この味は!!
江戸むらさき風味!!
↑のりつくだにの商品名
いや、トリュフ独特の複雑な香気とか食感があるんだけど、とにかくそういう印象…。
なるほど〜
…このハナシを人にすると「味のわからない人〜」とあきれ顔される。
はあ?
豚にナントカ
あれ?
いや、だからおいしかったんだってば!!
おいしいからって山盛り食べるものでもない。でもそうやって一度しっかり食べたことで
姿はみえねど…ソースに移ったあわいトリュフの香り…
味わいを知ったと思う。
いや、グルメを気どるつもりは全くないんだけれど(「江戸むらさき」だし…)。
そういえばフランスでは豚にトリュフを探させることもあるのだ
見学させてもらった
でかくてかわいくない
この時はみつからなかった
ブッブッ

隠れ家的

ここ二、三年で、個室風の造りの飲食店が多くなった気がする。

ちょっとシャレたダイニング系とか

いらっしゃいませ

布で仕切られていたり

わたしは他の客席も含めた店の雰囲気を見るのが好きなのでこれはつまらない。

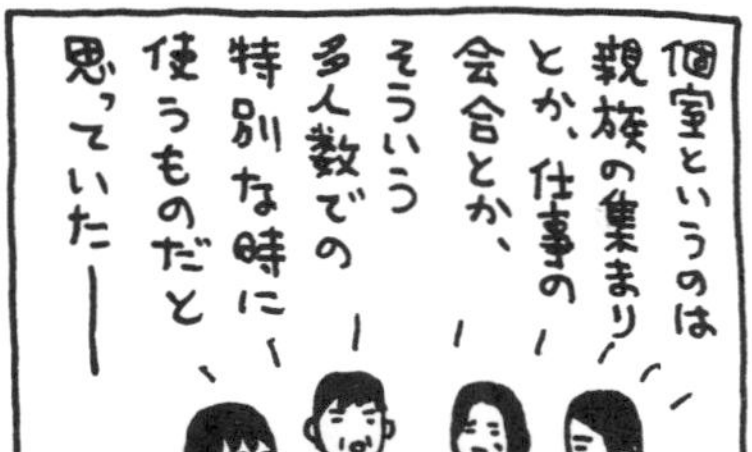
個室というのは親族の集まりとか、仕事の会合とか、そういう多人数での特別な時に使うものだと思っていた——

トイレに行くついでに他人の席を覗きみるわたし

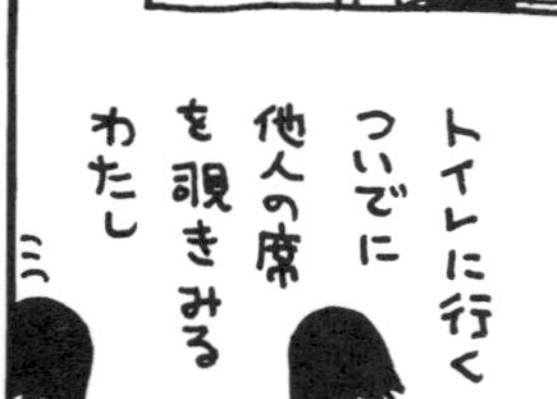

…やっぱりカップルや口説き中の男女は楽しそうね〜
…で自分の席―
女同士のボックスシート!!
反省部屋か?!
話しづらいしね
ハイ、こんな店にさそってすみません…
個室のよくないところは、他にも
すみませーーん!!
店員の応対が遅い(ことがままある)こと
だからって
ご用の方は押して下さい
ファミレスのようなボタンを置かれても、ねえ…
こじゃれた空間なのに…
おしゃれ創作料理
間接照明
「人から離れて食事をしたい」と思う人が増えているのかなあ。
あっこのあいだ行った店、「隠れ家レストラン」って紹介されている!!
「隠れ家」ってなによ?
一体何から隠れたいわけ?
お忍びか?!
えっ
それは…やっぱり会社の人とか知り合いに会いたくないし…
→「そんなにしょっちゅう知人に会っちゃうものなの?」
食事はシチュエーションが大事だ。
プライバシーは必要だが隠れ家っていうのは気にくわんっ
これは好き好きか―

焼き鳥屋にて

このところ、焼き鳥屋に
誘われることが多かった。
おいしい焼き鳥たべませんか
うまいトリくいましょう
オトナは「気に入りの焼き鳥屋」
をもっているものらしい。
「良い焼き鳥屋」って何で
しょうね。
店の雰囲気がいいことは
もちろん
へイ いらっしゃい!!
「ただトリ肉を焼く」だけに
職人的技術が重要。
火の通り加減が絶妙!!
うま
もちろん「肉」の質にも
こだわりがあるでしょう。
そして、そこに店の個性を
出せるのが「つくね」みたい。
つくねはたべなきゃ
大抵すすめられる
プチプチ
とんぶり入り
ナンコツ入り
黄身からめて食す
生食!つくね
など

焼き鳥、好きですよ。
でも実はわたし「トリ肉」自体
にあまり興味がなくて
好きなのは内臓系なのです
ちぎも（レバー）
ハツ（心臓）
砂ぎも
レバーがうまいとうれしい
それと食感が面白いもの
皮
ナンコツ
ひざナンコツずき
イカダ
（手羽開き）
骨のまわりむさぼりくう
あと変わった部位
・ボンボチ ←（尻の先）
・ソリ ←（もも付けね）
・キンカン ←（卵管）
・スズメ ←（スズメ！）
食い意地張っているので
…で、正肉は積極的には
食べないですねー。
野菜は串何本かたのんで満足
理由？淡白だから、かなあ。
肉はゴッツリした食べごたえ
が好きなのだ。正肉も味わい
あるのだけどね。
そういえば…
タイ、ベトナム…アジアで
食べるトリ肉はうまかった。
積極的に注文したな。
身がギュッとしまっていて味がこい
手づかみでくいちぎるように
焼いただけ
「今、トリインフルエンザが
深刻な問題に…。
「食」全体に最近
不安なことが
多いです。

クイイジっぱり 8
まちがえた!
外出中、時間をみると3時。
仕事ですっかり昼食のタイミングを逃してしまった。
冷えたし おなか へってるし
ん!
あたたかいそば いいな!
そば
てきとうな店に入ってみた。
品書きをみると、
温かいそば
あら
当店名物「すごもりそば」
これにしてみよう
で、
すごもり〜
玉子フワフワ〜
(わたしのイメージ)
きた
こちら すごもりそばです
ガー

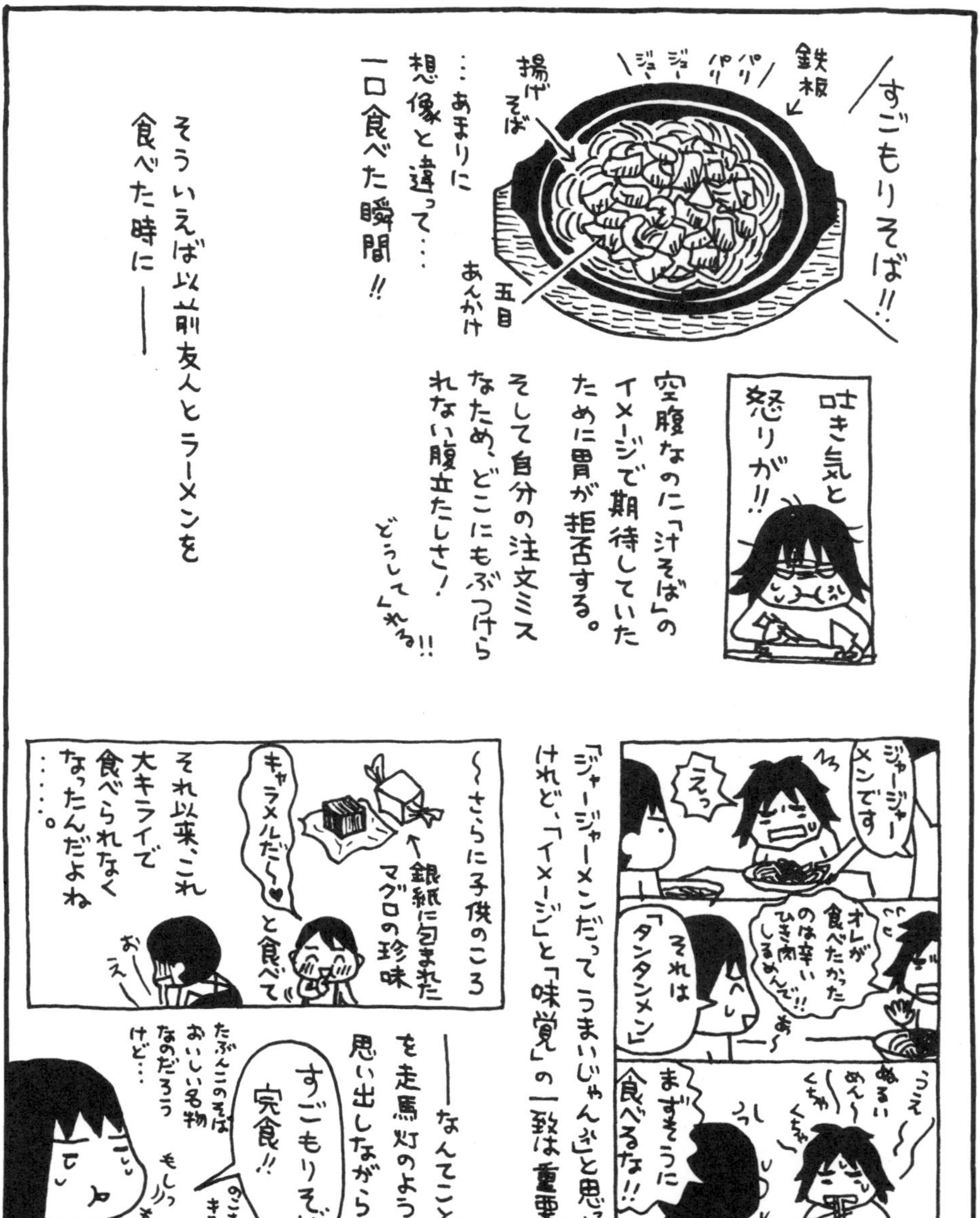

すごもりそば!!
鉄板
パリパリ
ジュージュー
揚げそば
五目あんかけ
……あまりに想像と違って……一口食べた瞬間!!
そういえば以前友人とラーメンを食べた時に――
吐き気と怒りが!!
空腹なのに「汁そば」のイメージで期待していたために胃が拒否する。
そして自分の注文ミスなため、どこにもぶつけられない腹立たしさ!
どうしてくれる!!
ジャージャーメンです
えっ
オレが食べたかったのは辛いひき肉しるめんで!!
それは「タンタンメン」
へー
あ〜
うそ〜 ぬるい めん〜
くちゃくちゃ
まずそうに食べるな!!
「ジャージャーメンだってうまいじゃんぷ」と思ったけれど、「イメージ」と「味覚」の一致は重要だ。
〜さらに子供のころ
銀紙に包まれたマグロの珍味
キャラメルだ〜♥
と食べて
おえ
それ以来、これ大キライで食べられなくなったんだよね……。
――なんてことを走馬灯のように思い出しながら、
すごもりそば完食!!
のこすのキライ
たぶんこのそばおいしい名物なのだろうけど…
もしっもしっ

ご飯とみそ汁

パソコンがこわれた。
んむ〜〜?
キカイオンチ↓
メールやネットが使えないのは困る。
近所のパソコンに詳しい友人に助けを求めた。
いいよー そのかわりに ご飯とみそ汁 食べさせて
フツーのごはん
ということで
おやすいご用だ
台所のありもので ごはん。
ただの肉やさい炒め
冷蔵庫にあった
↑煮豆とたらこ
うまい!!
おかわりできる?
こういう時だけオンナらしくみえるねセイコちゃん
カクーン??
どういたしまして。
みそ汁をだしからとるのって大変じゃない、エライよ〜
↑これ、他の人にもいわれるけど

だしはねえ、ほんのひと手間なのだけどね。
水を入れたナベに昆布を放りこんで、
こんぶ
他の仕度をすすめる。
（昆布を20分以上ひたしておくため）
ナベを火にかける
沸騰してきたら
かつお節投入
ひと煮立ちで火を止める
かつお節と昆布をとりのぞく
大ざっぱなだしのできあがり
これにみそと具を入れてあっためる
時間的にはほとんどお湯沸かすだけと変わらないですよ。
何が「手間」と感じるかは人それぞれでしょうが
米をとぐのも手間だというんもいるものね。
（無洗米使ったり）
使ったことない
無洗米マズイってきいたから
研ぐだけだし
おいしいお米たべたいじゃない
こういう「家の味」がうれしいんだよ
食がすすむ！
男の人（外食派）は好きですよね、フツーの家庭料理。
わたしにホレてしまいそう？
いや、それはない！
オレ、片づけのできない人間ってたえられないから
キッパリ
あなたなんでもだしっぱなしだらしない
……そう。わたしは「作るの好き」でも「片づけ」がヘタ。片づけることを「手間」に思うんです。
パソコンは無事に修復されました。
ありがとー！

クイイジっぱり 10

旅館料理

旅先で宿を選ぶ基準ってケースバイケースだと思うけれど、例えば温泉地だと旅館じゃない？
そして旅館の楽しみといえば
チェックインして温泉入って
ペタッ
ペタッ
これ!!
食事!!
というか、いつでもどこでも食事は大好きなのだけど
お飲物はどうなさいますか
まずビールあとで日本酒を
旅館料理に不満を持つ人も多い….。

母
たべきれない
もったいない!!
「量がむやみに多い」
友人
さしみかわいてる
天ぷらつめたい!
「一度に出てきておいしくない」
ええ、確かに。分量や好き嫌いについては、伝えればある程度考慮してくれるかもしれないけれど一部屋毎に細やかな対応をするということはなかなかできないと思う。調理場とも離れているのだし。
料理に力を入れている旅館は大抵食事処を別に設けている。一品ずつ本格懐石風。それも素敵だ。けれど――
ん
魚介がうまい〜
部屋食の楽しさも好きなのだ。
これなにかなぁ〜
湯上がりすっぴんのままで
ちょっとひと休み〜
ぷはー
気ままに飲んで食って
日常から離れた旅先だもの。思いきりゆるみたいでしょう。もちろん料理はうまい方が気持ちいいけど。
そろそろお下げしても
あまりだらだらするのもみっともないです。
ハイッ

クイイジっぱり

ビールセミナーで

知人に誘われてビールのセミナーに。
数種のビールと料理の組合せを学ぶというもの
わたしはこと飲食に関しては勉強うんちくで楽しむものではないと思っているのですが、まあ関心はあります、さて。
わあウンチク好きがいっぱい
こらっ
プロ養成ではなく一般向けセミナー
一人で来ている人も多い
ビールの分類などの講義のあと、実際にビールと料理もテイスティング。
白身魚と相性のいいビールはどれか
えーと…

シートに評価をつける
ビールも料理も味わうというより実験。
小さいプラスチックカップ
少量→
で、参加した感想は――。
面白かった!!
「実験」という意識で取り組むと普段の食事では気にとめていないことがわかる。
日常では「分析」などやらないじゃない。だからこういうセミナーはいい体験。
料理
ビール
ピルス
ヴァイス
スタウト
油分をすっきり洗い流す
相殺して風味をそこねる
まろやかさがひきたつ
酸味がフルーティに
↑何かわかったような気がします
…というのは、これは「ビール道」の導入部分にすぎないと思うからね。
ここからハマると奥深い世界があるのだろう。
とことん学ぶのも良いでしょう。
でも――
さて 何食べよう 何飲もう
メニュ
そんなに真剣にならずとも――
ちょっとした知識をもって、もっと良い酒飲み、食い意地張りになれればいい。うん、なりたい。
なんでもこーい!!
うぃ~
ちょっとダメ…

クイイジっぱり 12

お好み焼き

先日、大阪に行った折、仕事先の方と夕食をご一緒することになった。
何がいいですか？
なんでも食べます！
じゃあ
お好み焼きにしましょう
え…
また！！
——というのも前回別の仕事で大阪に来た時も
お好み焼きいきましょう
ということがあったのだ。
他県の人に自慢をしたい誇れる食文化なのだろうな……。
わたし自身はお好み焼きなんて、年に一、二回食べるかどうか
そう、わたしにとってお好み焼きは別に魅力ない食べ物！！
うまいですよ！
うまいですよ
だって！

コレっておかずなの？主食なの？
夕食がお好み焼きって
キッパリ
オカズでしょう
ごはんとみそ汁がつけば定食
……だそうです。
週に一、二回は食べるよ
お好み焼きは
肉
卵
粉
キャベツ
青海苔
かつお節
栄養のバランスが良い食品だという
大阪人がいうには
たしかにこの時食べたお好み焼きは
やさいたっぷり
ジュー
ヘラで中央をつぶして
蒸し焼き
ソース
マヨネーズかけますよ
店の人がつくってくれる
しっとりして軽い食感でペロリと食べられた。
ヘラで食べるのが大阪流だって
ハフハフ
お好み焼きも奥が深いのかもな……。
一家に二台もっている
タコ焼き器!!
ボクも毎週つくっている!
本当に粉ものが好きなんだなあ…大阪人…

クイイジっぱり 13

桜の木の下で

春ですね！何となくソワソワします。
週末花見やるよ！
電話連絡網
そう！花見シーズン到来です。
年々開花時期が早まっているのが気になりますが……

日本人なら花見だ！
花見は場所取りがひと苦労
早朝から
ビニールシートひいてテープを張って陣取りをする
予約

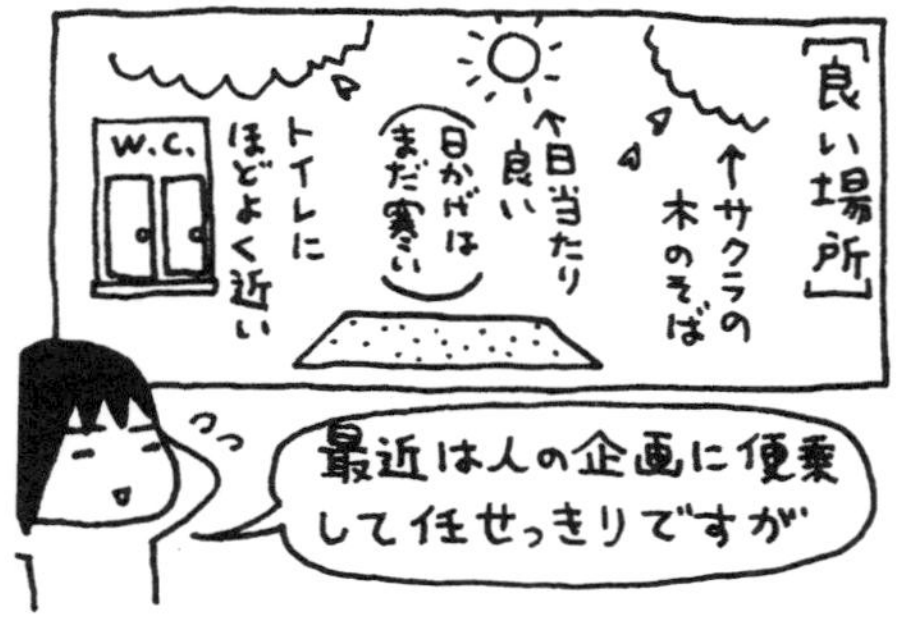
「良い場所」
↑サクラの木のそば
↑日当たり良い
（日かげはまだ寒い）
トイレにほどよく近い
W.C.
最近は人の企画に便乗して任せっきりですが

わたしの役割は
自称弁当番長!!
つまり弁当当番……
十数人分の弁当つくるのたのしいですよ、というか
ふだん、弁当なんて食べないので久しぶりでうきうき
玉子やき
プチトマト?
タコさんウィンナー
おにぎり
竹の子含め煮
竜田あげ
花見弁当というか、定番のお弁当ってかんじ……
大量なので助っ人と二人がかりで場所まで運ぶ。
もちろん持ち寄り花見もいいのですが、
ケンタッキー
ヤキトリ
からあげ
コロッケ
なんだかトリと揚げ物多いんだよ…
けっこうかぶるんだよねえ〜
だから一人は「食」を担当してきりまわすべきだと思う。
同様に飲み物もなくなるとシラけるので担当者は用意周到に!!
春の風物詩、花見。まあ大抵それを口実にしたただの野外宴会になり果てるのだけど、いいものですよね。
まっさきに轟沈してしまうのですが

クイイジっぱり 14

甘いものは別腹

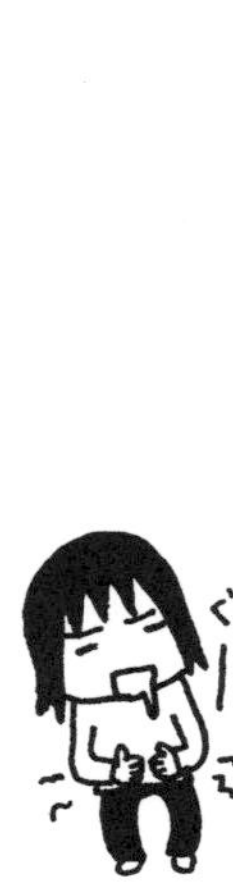
ぐー

おじさまと喫茶店に入ると、
さあ、ケーキをたべなさいさあ！
女の子はみんなケーキ大好きだと思っている。
ビール飲みたい

わたしは普段、甘いもの食べないんだよねえ、間食しないし。食後にデザート食べる習慣もないし……、あ、果物は食べるかもしれないけれど、ケーキは――

わたしの胃袋は、
はぁ～♡おいしいディナーでした♪
の後に――
デザートです
ってくると満腹中枢が刺激？されるのか余韻がだいなし

なので、
「デザートいいです」
あ、まだ飲みます
……単に酒好き？
という時もある
食が細いわけじゃない。
小さいカラダでよくたべるよねぇ～
と、言われる
食べるの大好き。わたしにしてみれば
ふ～マンプク～
あ♡デザート全部盛りにして下さい
甘いものは別腹～
という方が信じられない!!
うまー
とろける～
どういう胃袋をしているんだ？
わたしも甘いもの食べますよ、時々。その時はこってり激甘系!!
生クリームもスポンジもぼってりたっぷり!!
というか、カラダが要求しているのだろうな。ガツンとくる糖分と脂肪。
――なので「甘さ控えめさっぱり」という謳い文句には魅力なし。
たまにチョコがとまらなくなる
モシ
モシ
甘くてなんぼだよ、菓子。
あとは「ゆとり」の食べ物だよね。
優雅なティータイム
それは大事なことかな、と。

クイイジっぱり 15
勝手な店？
知人につれていってもらった店は
ここでは注文なしだからね
おまかせ料理、というか
昔は品書きつくっていたけれどね
ご夫婦で三十年以上やっている小料理屋
これしか出さない！
旬の魚の天プラ
旬魚の刺し盛り
魚出汁のスープ
いやぁ〜それがとっても
おいしーっ
うまいんだ
しあわせ〜
ムダを出さない
そのためにね
オレの店はオレの勝手にさせてもらう!!ってかんじです。
いいわ〜
わたしも店やるならこういうシステムがいいな〜

というのは――
以前
うちの店で一日店長やってみる?
定休日をかすから
やりたい!!
といって、
「一日女将」で―す
友人知人に案内を出して、当日。
DM
キンピラとイカ炒め!
砂ギモ!
エビパン!
ショーチュー お湯わり!
わたしイカ炒め!
あとね―
品書き
十数種用意した
別々に注文するな―
えっと次は何を
料理で手いっぱい
……
ビール!
女将!!無言でこわいよ!
ヘロヘロに……。
おつかれー
客め~好き勝手いいやがって―
店って『アタリマエ サービス業!!』
だから、店のこだわりとか頑固さというのもお客様あってのもの!!
勝手して客に愛される店は、腕と人柄がよっぽどいいところですね。
それは一日にしてはならず。
憧れます。
小料理屋からギンザの小さなバーへ……。
「わたしの店よ」オーラ
ママに会いにみんな来る
うん いいなあ~。

クイイジっぱり 16

名物うまいもの

うまい店をみつけるのが得意な人っている。
う〜ん？
なんとなくこう雰囲気で
カンのいい人。
店の佇まい？
客の多さ？
なんでしょう？
わたしはうまくない。
特に旅先で困る。
昨日まで仕事で松山に
松山城〜
さて何たべよう
ガイド
ガイドブックに頼るとハズしませんか？
同じガイドブックをもった観光客
ハイいらっしゃい
ぞんざいなおばちゃん
松山は五色そうめんが有名らしいので
さむい日だったので温めん
ずぞ
…まあそうめんだな
うん

リサーチしないせいもあるのだろうけれど、
松山というか伊予名物？
たべてみた
鯛めし
炊きこみごはん
じゃこ天
小魚のすり身揚げ
伊予鶏皮やき
パリパリスナック
他、魚介とか…
――とりあえずどんなものか確認した！というかんじで――
ん―大したことなかった…
納得いかない。
名物にうまいものなし？
いや、名物になるからには本家的ないい店があるハズなのだよね…
で、うまい店は地元の人にきけ！と旅館の従業員さんなどにたずねると――
この通りを右にいって―
人気ですよー
地元の人って案外外食をしないので「いいかんじの店」を知らなかったりする。
芸能人のサインとか
雑誌の切りぬきがあるから「いい店」とは……
まあ名物料理なんて本来は地元の生活に組みこまれた食なので「わざわざ食べるため」の店なんて、観光客向けに作ったところが多いんだろうね。
市内のてきとうな定食屋でラーメン（三百円！）をたべた。
中太めんのとんこつラーメン
味しょうぱめ
けっこう好きだ
伊予ラーメンはとんこつ？

クイイジっぱり 17

おいしい水

浄水器のカートリッジを交換した。
一年に一度定期的に行う。
うちのは「鉄人オススメ」(広告によると)というやつで性能も良さげだが、お値段もよかった…。
カートリッジだけで一万円ちょっとする…高いよねえ
たかが水に…と思いますが、されど水――。
うわ汚～い
一年使用したカートリッジはどす黒くなっている…
子供のころは、「水を買う」なんて考えられなかったものなあ～。
水道から直接コップに
時には
ジャー
ガフガフ
直飲み
公園の水も口をつけてゴブゴブと……
大らかでいいですよね
水にうまいまずいがあるなんてしらなかった…

わたしが「水、ヤバイな…」と意識したのは、数年前住んでいたアパートで、
毎回出はじめの水が赤茶色・・・
ドバーーッ
古い建物だったから？
さすがにこれを飲むのはコワイな、と。
カルキ臭などは沸かせば消えるけれど
で、水を買う生活に。
一時期はペットボトルをケースで買っていました。
そして、「買う」となると「選ぶ」ようになります。
おいしい水
Mineral water
硬水、軟水だとか、ミネラルの含有量とか産地とか
値段も気になるところ
水にもいろいろあるのです。
今は日常的には浄水器の水を飲んでいますが、嗜好的に発泡性の水を買うこともある。
シュワシュワ好きなので
近ごろは「ウォーターバー」なんていうのもある。
洒落たバー風
当店では30種類以上の水を揃えております
他の飲み物もご用意しておりますが…
メニュ
面白いが
……
なにかおかしい気もする
ビール

中華といえば？

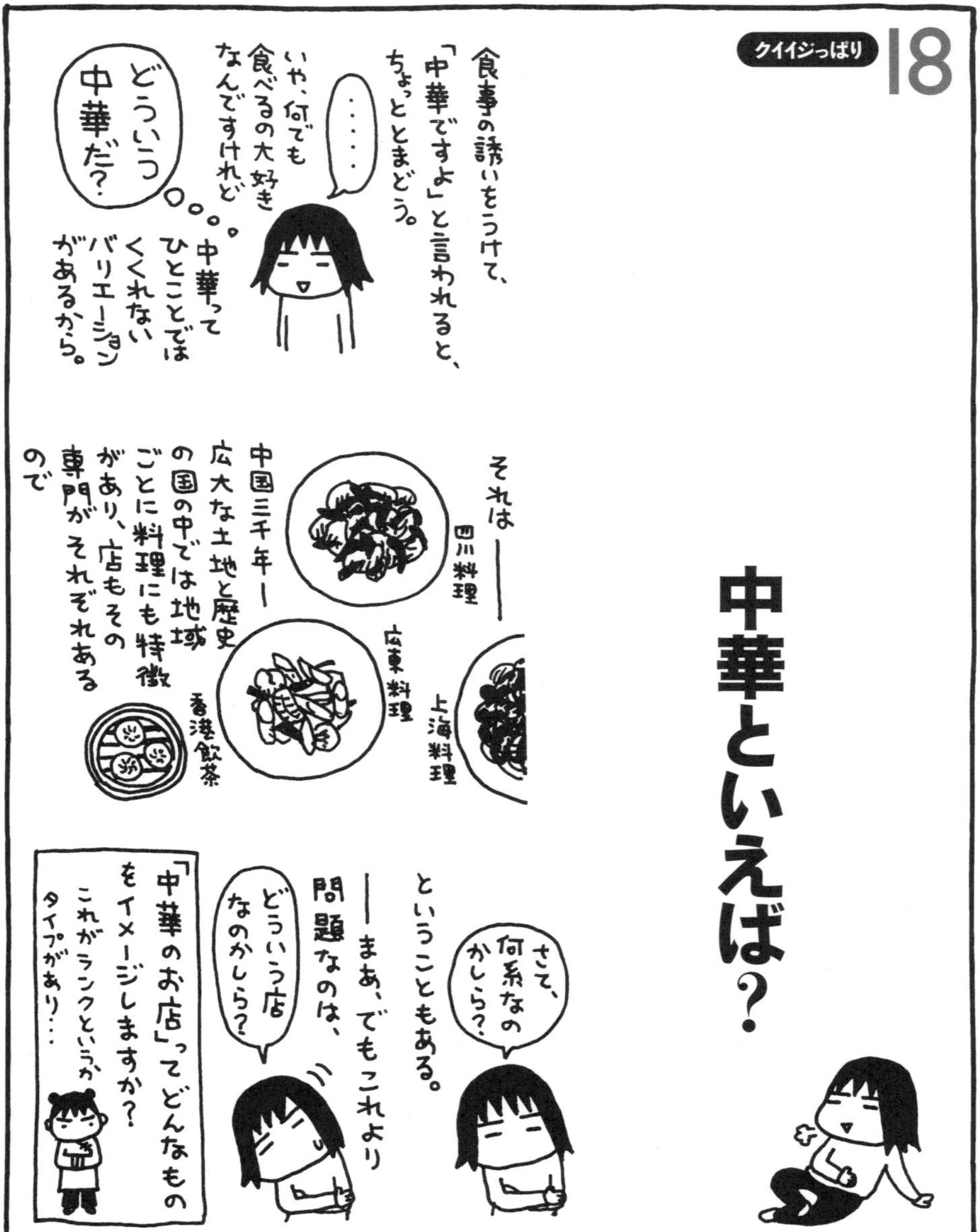
食事の誘いをうけて、
「中華ですよ」と言われると、
ちょっととまどう。
……
いや、何でも食べるの大好きなんですけれど
どういう中華だ？
中華ってひとことではくくれないバリエーションがあるから。
それは――
四川料理
広東料理
上海料理
香港飲茶
中国三千年ー広大な土地と歴史の国の中では地域ごとに料理にも特徴があり、店もその専門がそれぞれあるので
ということもある。
さて、何系なのかしら？
――まあ、でもこれより問題なのは、
どういう店なのかしら？
「中華のお店」ってどんなものをイメージしますか？
これがランクというかタイプがあり…

町の中華
レバニラ定食
カニ玉
ギョーザ
日常的に使える気楽な店
チャーン!!
高級中華
ギャー
フカヒレ一万三千円〜から?!
メニュー
野菜彫刻
オシャレ中華
フレンチみたいに一品ずつキレ〜に出てくる
きれいちんまり…
ワイン
それぞれ良さはありますが
TPO、も重要ってことですよね。
「中華を食べたい!」
といっても
だから
どういう中華?
なかなか難しいなあ〜〜と。
先日誘われた中華の店は一人ずつにとりわけてサーブされる家庭的な四川料理。
気楽でいいですね
どーーん
どーん
中華大皿がどかどか出てくるのは苦手です。
なんだか焦るんですよー

クイイジっぱり 19

良いサービスマン

女三人で洒落たイタリアンでディナー。

人気店のようで満席。

前もって予約してくれていた本日のホストH女史↓

―だからかサービスが遅い。

それでもイライラせずにゆったりとかまえたいですが、

さっきからおあずけ

なじみらしい客の席で時間をかけすぎ

だいたい客数に対してサービスの人の数が少ないのだった

むぅ

ようやく来たのが
お飲み物はいかがいたしますか
ワイン？ご予算は？
ハイ？
あ、えっと、
な〜んとなく不愉快なヒトなのよ。
ツバとぶ
おちつきのない話し方
声に品がない
で、おいくらくらい？
「友だち同士だと思っているのか、予算のことを大きな声できく
困るホスト
それは容姿のことではなくて、人柄というか、雰囲気の問題なのだけれど。
サービス業ってイイオトコじゃなきゃだめだよね
あのヒト好かん！
レストランなんて気分よくなるために来るんだから
お料理は美しくおいしゅうございました
「じゃ、セイコさんあっちの人はどうですか？」
「え？うーんとっつぁんボーヤだねぇ」
「ハハハ」
・・・そして女三人の話の方向は
えーじゃあどういうのがタイプですか〜
うう〜ん
わたしは目が大きい美少年!!
あらちょっとシェフはいいオトコっぽいですよ！
いつのまにかただの好みのオトコ談義に。
・・・いやな客だな〜〜。

回る寿司

渋谷をぶらぶらしていたら
小洒落た回転寿司店が
あって、
ダイニング風
今時の回転寿司って
どんなものなのか
看板メニューを
見ると――
・たこ焼軍かん
・印度カレー
・アボガドコンビーフ
・スパム握り
ありえないーっ
寿司って
酢飯+ナマ魚介
だから食べたいのでは?!
そういえば、プリンとか
ケーキを回転させているところ
もみかけるよね、フツーに
えーと
エンガワ…
だいたい、
回転寿司は
好きじゃない
のでした。
あっイカ
たべれば
よかったかな…
好きなネタを食べる
ためにソワソワ落ちつかない。
寿司は旬とか
食べる順序を
考えるのが
楽しい
のに
カンパチうまいよ
えーと
でもこれ以来、
なんだか回る寿司
が気になって――

これまた渋谷で
テレビにもとりあげられる人気店、らしい(安くてうまいと)
並んでまで〜
あ、行列の回転寿司がすいている!
めずらしく回転寿司などに入ってみようかなーっと思ってしまった。
イラッシャイマセー
一人です
お一人様七皿以上となっております。どうぞー
ん?
→一人七皿がノルマ?!
これってけっこう小腹を満たすにしては多い量。
この店は中トロも全て同料金、というのがウリだった
七皿で七百三十五円ってあまり安くない気がする
でも口頭で注文できるのはいい。
コハダ
ハイコハダ
空いていたから?
友人にきいたらそういうサービスはけっこう当たり前だと言っていた
しかし、明朗会計。
皿の数制度ってー
皿一律同額、あるいは皿の色によって金額ランクがあるというシステム
いっぱい重ねてあるとビックリしちゃいますよね。
すごーい
ここに
わかりやすくていいんですけどね。
なんというか食べた量を見られるのはおかしいというか〜
けっきょく苦手なんです

クイイジっぱり 21

菓子ボリボリ

「パンがなければお菓子をおたべ」と言ったのはマリー・アントワネットだとか…。
貧困な市民に対してしゃあしゃあと

ハイ、わたし今ごはんのかわりにお菓子たべています。
ボーリ
ボーリ
なぜなら――

仕事が大詰めで掃除、メシどころじゃないから…
資料なんだかゴミなんだか

とりあえず空腹感や口さみしさをまぎらわすのに、袋菓子は手軽でいいですねー。
ぐ
↑最近お気に入り「ハーベストセサミ」うすやきビスケット。
ちょっとずつポリポリ大事にたべている
うまい
ーーでも、わたしはわかっている。
実はこうした「ちょっと食い」がデブのモトなのを!!
わたしが勤めていたころ、職場のテーブルには常に袋菓子の入ったカゴがあってーー
一コもらうねー
つまみ食いをしょっちゅうしていたら
4キロくらい太ったなー
うん。
そして、
「やせないわ〜」
という母。
「食事は少食なのにねー」
と思っていたのだけれど
じつは
間食ばかりしている!
お茶にする? クッキーあるの
おせんべたべようか
「ちょっとつまむ」はキケンなのだ。
あっ?! ハーベストいつのまにか完食!!
二袋目!!
そして、
習慣化するんだよこれが。
……
ポリポリ

焼酎好きの心

最近は日本酒、ワインよりも焼酎が充実している飲食店が多い。
ズラリ
わたしも焼酎は好きですが――
以前は日本酒中心の店だったのに
ココの店
雇われ店長↓
オーナーの意向ですよ
売れるから!
そうか〜
やはりブームなのですかね。
でもブームが本物を育てることもあるので
昔はのめなかったんだけど
焼酎はうまいね!
わたしの友人知人にも、その魅力に開眼してハマっていった人は多い。
芋焼酎は○○がサイコーだよな!
そういうマニアが増えると、
わたしはのめればなんでもわりと大丈夫

入手困難
で
プレミアがついちゃったり
そういえば、
鹿児島の蔵元さん(友人)が東京に来たとき、夕食を一緒にする約束をしていて
ごぶさたー
ひさしぶり〜
ん?
手にしている買い物袋の中には
自分のところの酒?!!
えーっ買ったの?!!
とある酒販店で正規の価格を大きく上まわる高値で売られていたのだって。
だっていやじゃない
つまりーー
別の酒販店で定価で購入。
プレミア価格で販売。
文句は言ったの?
いや
言っても防ぎようないからね〜
おかしなことになるものです。
先日は人気銘柄「森伊蔵」のニセモノがネットでとりひきされるという事件が!!
中身は別の酒
ラベルはコピー。
森伊蔵
さすがに「味がちがう」ので発覚
(気づかなかった人も実は多いのでは……)
本当に好きならさ、誠実であってほしいと思うんだよね。
うい

クイイジっぱり 23

レディースめし

外食、ランチ時――。
「さて、何を食べるか」と
考えるのも楽しいのです
が――
夜よりもお得な価格設定になっていることが多いしね
店によって設定されている→
ランチ
「レディースセット」というもの。
サラダや→
デザートがポイント
いろんなものをちょっとずつ楽しめる。
量は少なめ
ヘルシー&お得感が重要みたい。
いや、悪くないですよ？選択肢のひとつとしてはいい
でも、「レディース」ってことは

男性は注文しちゃいけないもの?
ううん、注文できるとしてもしづらいのでは。
レディースセット!!
つっ
そんなことないですか。――どうも
お店は女の人ばかりを大事にするようだ…。
それはたぶん集客のためには女性の口コミとかリピートが重要だからなのだろうな。
よくある
女性のみデザートがサービスとなります
アイスとか
これもうれしいかどうか……
あ、たべます?
いや!どうぞ
甘党男性↓
辛党
つつ
食事って男女、見た目でその嗜好を判断できるものではないですよ。
時々定食をたのむと
ロースカツ定食!!
おまちどおさまー
女性なのでごはんも小盛りにしましたね
勝手になにするんじゃーっ
と思う(思うだけで言わない)。
おかわりすればいいじゃない
という人もいるが
おかわりしたら多すぎるんだよ!!
そういうビミョーな差!!
レディース制度は好きじゃない。

クイイジっぱり 24

ひつまぶしin名古屋

仕事で名古屋へ――。
で、昼食は名古屋名物「ひつまぶし」
わたし名古屋でたべるの4度目
名古屋でたべるのはじめてです
同行編集氏

[ひつまぶしの食べ方]
おひつに入ったごはんの上に刻みうなぎがしきつめられている。
①
②
③
まずはそのまま食す。(うな丼)
ねぎ、わさびを加えて混ぜる(混ぜごはん)
お茶をかける(うな茶づけ)

名前の由来は「おひつにまぶす」だとか。わたしはうなぎが好きなのでこれは楽しい。
二膳目の混ぜごはんが好きワサビが合うの
ちなみにお茶づけはしない
茶は茶で飲む
うなぎのこってりが好きなんだもの
商品にならない半ぱな大きさのうなぎを刻んで使ってみたのが始まりらしい。名古屋らしい経済感覚のあらわれた一品では…。で、これ
絶対東京にあったらいいと思うんだけど!!
と力説する同行氏。
そんなに気に入ったんですか
ず〜っと言いつづけていた。
どーして出店しないかな〜
しつこい!!
思うのだけれど、何でも彼《か》でも東京にあればいいってもんじゃあないよね。
ひつまぶし食べに名古屋へ——っていう方が粋じゃないですか?
のぞみで二時間

クイイジっぱり 25

沖縄料理だ

久しぶりに沖縄料理の店。
ビールとね
刺身酢みそ
アンダンスー
パパヤーチャンプルー
以前近所に住んでいたころよく行っていた店なのだった。
一年ぶりだなぁ～
店主
この店の料理、何でもおいしくって、
ん～
ビールがうまい～
次は泡盛いこっか～
酒のアテ～
沖縄料理大好き――!
というと、実はそうでもないかも。
というのは
オキナワ大好きなんですよ
沖縄
五泊六日で旅した時――

魚は脂気が少ないのでタンパク
中身汁（モツ汁）他 汁物どっかりいろいろ
ラフテー（ブタバラ煮）
豚料理は煮たものが多い
ゴーヤーチャンプルー（他いろいろチャンプルー有り）←炒めもの
→クーブイリチー（こんぶ）（他いろいろイリチー有り）炒め煮
いや、おいしいです。ホッとする味わいです。
でも
……
毎日毎日たべているとーーー
ガツンッとしたものがくいた〜い!!
と思ってしまう。
で、ガツッと焼き肉ギトギト食べに行った…
肉のアブラこげる香り
考えてみれば沖縄の人も毎日郷土料理食べているわけじゃないだろう。
つい旅行者は名物ばかり食べようとしてしまうね
それに、沖縄出身者に話をきくと、
東京じゃ居酒屋料理だけどチャンプルーをアテに酒のまないよ
ごはんのおかず!!
そっか
食事は食事。酒の時間は別、なのだとか。
そういう生活、健康的でいいな。沖縄行きたいな。
あ〜のみすぎてくいすぎた〜

クイイジっぱり 26

女性率100%

ぐ

わたしは隣の席の会話とか、気にならない方なのだけど、

……
いや別のイミ気になるかも…
へえー
でー、カノジョウツみたいになっちゃって～
うっそ～

席の間隔がキツキツだと「聞こえる」じゃなくて「聞かされる」状態。これはイヤ。

以前入ったレストランで気まずいカップルの隣で食べた気がしなかった…。
……
ハラ
ハラ
(席の間10センチくらい)

一昨日青山で人気のある中華デザートが売りの店に行った。

いつも店の外まで行列。

中途な時間帯だったせいかすんなり入店できたが、
店内はほぼ満席!!
同行友人
混んでますねー
女性の声って高いので時に耳ざわりに感じられる。
さらにこの店、客の女性率が百パーセント!
ワーーン
反響してうるさーい!
喋るのもひと苦労
ワ〜ン
そう?
何たのむー?!
この店はメディアによくとりあげられるという。
そのせいで満席?
(しかも女性ばかり)
わたしは
カップル来店!
彼氏、いたたまれないだろうなあ〜
女性ばっかりで……
あ
別に女性ばかりの店が嫌いなわけじゃないけれど
ギュウギュウ詰めはカンベン、ということ

クイイジっぱり 27

常連びいき

わたしにも、なじみの店というか、親しくさせてもらっている店がある。行けばホッと落ちつけるような気易さで。
こんばんは
あら いらっしゃいー
久しぶり
居心地のいい店というのは味はもちろん雰囲気がいい。特に雰囲気については、そこに働くものの人柄によるところが大きい。
わたしは一人で外食することも多い
いただきます
わりと一人でほうっておかれるのは平気だけど
店の人と気持ちのいい会話が弾むのは それで楽しい。
このあいだ温泉行った
どこ?
あと、「気心の知れた客」に対するちょっとしたサービスがうれしかったりする。
これ たべてみて
ありがとう
が、

サービスも会話も「ひいき」も感じさせてはいけない。
店にとって、全ての客は同等に大切なものでしょう？
先日行ったのは「女主人の手料理がうまい」というウワサの店。
気になっていたんだ〜
近所だけど行ったことなくて
カジュアルな小料理屋、店内に入ると
こんにちは〜
女主人
常連のお客さん？
「おまかせ」で料理を頼むと
ハイおなかすいてる？
あこんばんは
すごいスピードで出てくる!!
ハイ〜
ハイ!!
ハイ！
で——
料理はおいしかったけれどな〜んかヤなかんじ。
また常連に
この話を後日友人にしたら
やっぱり！
わたしもあの店行った時
今日は常連用の肉しかないよ！って言った
↗ズケズケいうので慕われているらしいが
釈然としないわ——！

クイイジっぱり 28

孤独ラーメン

あ、ラーメン食べるか。
とフラッと入った店は
一席ごとに
間仕切り
してあった。
あ〜以前
博多でこんな
店入ったなあ
ま、いいか
食券
このシステムはラーメンを
味わうことに集中できる
ように配慮して、という。
席について
(目前はのれん)↓
食券と注文表を
出すと、
(めんやスープのタイプを選択する)
のれんの向こうから
手が出てきて
もってゆく

店員の姿が見たいわたし。
ラーメンが来る。
ん
ずぞーっ
……わたしはラーメンフリークじゃないので、このシステムの良さがよくわからないです。
ずーっ
……「替え玉」の時は目の前のボタンを押すのね
ラーメンってさあ、
あ、ギョーザうまそう!
おっ、お酢たらすのか!
けっこうイケルかもー
他人様の食べ方とか、調理の姿も楽しむもの。
じゃっ
じゃっ
ーーと思いませんか?
となり
ブリジョーガ!
下さ〜い
あ、そういう注文もありか!
まあそれぞれですが。
ごちそーさまー

クイイジっぱり 29

試食巡り

スーパーやデパート地下の食料品売り場によくある試食コーナー。
新発売
ちょっとたべてみて
つい、
ウィンナー
つまませてもらうと
無添加でハーブとプレーンの
おススメトークを受けてしまって
ムグ…
買わなきゃいけないような気になってしまうが
ごちそうさまっー
あれはプロモーションなので、別におばちゃんが歩合制というわけではないから気にしなくていい、らしい。
でも買う気もないのに試食するのはいかがなものか。
——というのは、

わたしのよく使うデパート食品売り場には、常設的に
試食コーナーがいくつか設けられているのだが――。
酒
やさい
充実
特設
さしみ
さしみ
さしみ
特設
ハンバーグ
¥
焼き豚
特設
それが出される時間も
たぶん決まっているんだと
思う(夕方くらい?)
そのタイミングで「わっ」
と人が群がるのだ。
主婦たちの買物タイムでもあるのでしょう
試食してから買う、けっこうです。
が、中には――
さしみ
何枚も
串刺し……
それ、試食としてどうよ?
一食をここで済まそうといういきおいの人もいる。
もぐもぐ
次!!
でもフルコースも可能だね、酒もあるし特設で漬物とかヨーグルトとか
いやいや、あまりみっともいいことではない、というハナシ。
どうぞ
あ、どーも

イメージ食欲

このあいだ、仕事でギョーザの絵をたくさん描いていたら——

ギョーザ
ギョーザ!!
じゅるー

たべたい〜って気分に。

食欲って、視覚などのイメージから刺激されるものだね。
そして、食欲が出るのは楽しいこと。
だから「グルメ番組」は人気があるのだろう。

そういえば先日、お気に入りの洋食屋に久しぶりに行くと

なんと満席順番待ち!!

入るのやめたのだけど
並ぶのキライ
っっ
近所の愛用者の話によると
○○○って番組にとりあげられてから!!
混んでいるよー
メディアにのったらしい。
あー
すごいですよね、メディアの力って。
いやでもあの店はとてもうまいのにウラ道にあって客入らなくて心配だったんだ
よかったよかった
でもそれが正しい評価につながればいいけれど。
ただ「食べてみたくて」行動する人って多いと思うから。
一度行ったらマンゾク
ってことに…。
—その気持ちはわかるんだ。
たまたまついていたテレビの「すし特番」
絶品
トロ!
小肌
ハマグリ
アナゴ
ウニ
エビ
大トロ
……
脳と口の中はもう「すし」!!
わたしの場合、「店」ではなく、
とにかくすしーっ
なので近所の店などへーー。
(※ラーメン特集をみても同様の反応、行動)
とりあえずイメージを現実にすることで満足。
ふーっ
イメージにふりまわされるなと言いたいのだけれど。
あの、流されちゃいけないと思うのよ
自分の五感でね、考えるのに

あとがき

『きょうのごはん』は別々の三本のレンサイを中心に
まとめたものですが、

つくる!
なごむー
ドーナッツ雲…
たべる!!

わたしの「ごはん」三大テーマですね……。

ごはん、大好きですけどグルメでも研究家でもないですから。
アレがダメ、コレがいい、という難しいことは言いません。

食べられれば大丈夫!!
ハラこわしたことないし
おちたものもヘイキ
自慢にならないが…

あ〜今日も食べた!! 明日は何を食べようかな〜。
そんなことを考えられるのがウキウキな幸せ。
ただのくいしんぼう!

おなかすくとイライラ

そういう「日々ごはん」を集めた一冊です。

二〇〇五年一月吉日

大田垣晴子 晴

初出

この作品は『週刊朝日』(朝日新聞社 2001年4月20日号〜2002年12月13日号)に
連載された「大田垣晴子の料理道場」、
『きょうの料理』(日本放送出版協会 1999年4月号〜2003年12月号)に
連載された「キョウちゃん」、
『週刊文春』(文藝春秋 2004年1月1日、8日号〜2004年8月5日号)に
連載された「大田垣晴子のクイイジっぱり」、
個展のために書きおろされた「MENU ムニュ」を
一冊にまとめました。
料理道場の各最後のページ、あとがき、
扉、カバーは描きおろしです。

きょうのごはん

2005年1月15日 初版第1刷発行

著者
大田垣晴子

発行人
横里 隆

発売・発行
株式会社メディアファクトリー
〒104-0061 東京都中央区銀座8-4-17
電話0570-002-001 03-5469-4830(編集部)

印刷・製本
日本写真印刷株式会社

ISBN4-8401-1204-5 C0095